Stefano Biavaschi

# Der Prophet des Windes

Stefano Biavaschi

# Der Prophet des Windes

*Zwölf Weisheitsgeschichten*

Aus dem Italienischen von
Carina Wörner

*Vier-Türme-Verlag*

Für Nathan,
den Propheten,
der auf dem Grunde
Deines Herzens wohnt.

# *Nathan, der Prophet des Sonnenaufgangs*

Nathan, der Flötenspieler, war ein wenig traurig an jenem Tag. Schon seit geraumer Zeit waren ihm die Melodien ausgegangen, und er wusste nicht, welche Weisen er für die Seinen noch spielen sollte.

Wie immer setzte er sich ans Meeresufer und beobachtete den Horizont. Inzwischen kannte er ganz genau den Punkt, an dem sich die Sonne langsam aus dem Wasser erheben würde. »Gleich wird der Wind zu flüstern beginnen«, sprach Nathan zu sich selbst. Und tatsächlich, als der erste Sonnenstrahl übers Wasser hüpfte, zerzauste ihm ein Windhauch das Haar.

So war es immer: Sobald die Sonne aufging, erhob sich der Wind und blies immer stärker, bis sich die Sonne vom Horizont gelöst hatte. Und dann flaute der Wind plötzlich wieder ab.

»Es scheint fast, als würde er aus der Sonne kommen«, dachte Nathan, atmete tief ein und lehnte sich mit dem Rücken an einen Felsen. Seine Schilfrohrflöte hielt er in den Händen.

Als die aufgehende Sonne einen Halbkreis über dem Wasser bildete, frischte der Wind auf und peitschte ihm ins Gesicht.

»Heute mag ich nicht spielen«, sagte er. Er betrachtete seine Flöte. Lächelnd hielt er sie dem Wind entgegen. »Warum spielst *du* nicht heute?«

Die Luft strömte durch das Instrument, ließ es vibrieren und entwich gleichzeitig durch alle Grifflöcher. Überrascht stellte Nathan fest, dass so etwas wie ein Ton entstand. Also versuchte er, einige Grifflöcher mit seinen Fingern zu schließen, und der Wind begann anders zu pfeifen. Aber es war noch keine Musik.

Nathan neigte seine Flöte etwas, drehte sie zum Wind, doch er suchte vergeblich nach der richtigen Position. Als er gerade aufgeben wollte, kam ihm der Gedanke, das Instrument der Sonne entgegenzuhalten. Sofort umwehte ihn eine liebliche Melodie. »Hei! Du kannst ja wirklich spielen!«, sagte Nathan lachend. »Lass uns sehen, welche Weisen du zustande bringst. Ich werde die Finger bewegen, und du komponierst.«

Der Wind begann Töne zu erzeugen; er sprang mit unterschiedlicher Stärke von einer Note zur anderen und spielte dabei Klänge, die Nathan noch nie zuvor gehört hatte.

Verwundert stellte er fest, dass viele Töne harmonisch waren, andere hingegen hörten sich an wie Gemurmel, Schreie, Ächzen, Flüstern. So lange, bis sich ein Ton von den anderen unterschied und dort, zwischen Meer und Felsen, eine Stimme erklang:

»Nathan!«

# *Der Wind*

Die Erinnerung an jene Stimme, die er am Ufer des Meeres vernommen hatte, beunruhigte Nathan den ganzen Tag. Hatte er wirklich seinen Namen gehört?

Nur zu gern hätte er daran gezweifelt, aber diese Stimme hatte er nicht nur mit seinen Ohren gehört: Es war, als hätte sie seinen ganzen Körper durchströmt. Erschrocken hatte er daraufhin seine Flöte zurückgezogen und war nach Hause zurückgekehrt.

Unterwegs sprach er zu sich selbst: »Morgen werde ich nicht mehr an den Strand gehen. Die Inspirationen, die mir fehlen, kann ich auch im Wald oder auf dem Hügel finden.«

Er verbrachte eine schlaflose Nacht, und als die Morgenröte am Himmel aufzog, war Nathan schon wieder auf den Beinen. Er nahm seine Flöte und ging nach draußen. Die klare Luft gab ihm Sicherheit.

»Wovor habe ich eigentlich Angst?«, dachte er auf dem Weg zum Meer. »Vor dem Wind? Auch wenn der Wind wieder durch meine Flöte erklingen sollte, erklingt nicht auch das Meer durch das Auswaschen der Felsen? Erklingt nicht auch der Sand durch die Brandung der Wellen?«

Als Nathan jedoch das Ufer erreicht hatte und den Horizont beobachtete, fühlte er sich unruhig; es war ihm, als würde er beobachtet. Der erste Lichtstrahl gab ihm das Zeichen für das Auffrischen des Windes. Nathan streckte den Arm und richtete seine Flöte aus.

Der Wind begann stärker zu blasen. Zischend und pfeifend wirbelte er in das Instrument. Nathan umfasste es fester und versuchte, den Rest seines Körpers zu entspannen. Nach einigen Augenblicken durchzogen die ersten Töne die Luft.

»Einige scheinen tatsächlich tief in mir zu erklingen«, dachte er. In der Ferne sah er eine Schar Möwen, die von der Meeresoberfläche zum Flug abhob. Er fühlte sich ganz und gar im Reinen mit sich. Er hatte schon immer die Poesie der Natur geliebt. Von allen Dingen hatte sie ihm immer den größten, schönsten Zauber geschenkt. Er schloss die Lider und versuchte, sich ganz zu versenken.

»Nathan!«

Erschrocken öffnete Nathan die Augen. »Wer bist du?«, schrie er lautlos und zog auf der Stelle seine Flöte zurück. Sie hörte sofort auf zu spielen.

Tausend Gedanken wirbelten Nathan durch den Kopf; im Herzen aber spürte er ein Gefühl des Friedens. Diese Stimme und auch diese Musik – sie hatten beide denselben Zauber wie die Dinge, die er beobachtete. Auch wenn sie völlig neu für ihn waren, erinnerten sie ihn doch an die Gefühle, die ihn durchströmten, wenn er seine besten Melodien komponierte. Langsam hob er den Arm und hielt zuversichtlich seine Flöte wieder in den Wind.

»Nathan! Fürchte dich nicht. Warum fürchtest du dich davor, neue Töne zu hören, wo du dich doch selbst beklagst, für deine Flöte keine Musik mehr zu haben?«

Nathan erstarrte in der Stille.

»Wenn du weiterhin das spielen möchtest, was du immer gespielt hast, Nathan, dann kannst du das tun. Aber bist du sicher, dass du den Deinen nicht mehr schenken kannst?«

Nathan wusste nicht, was er denken sollte. Was meinte diese Stimme? Was er zu komponieren vermocht hatte, das hatte er gespielt. Was sonst könnte er auf seiner Flöte zum Klingen bringen?

»Die größte Musik kennst du noch nicht, Nathan. Siehst du denn nicht, was den Deinen alles fehlt? Siehst du denn nicht, dass viele Menschen leben, ohne ihren Reichtum zu kennen? Aber wenn du spielst, kannst du ihnen das Leben schenken.«

»Ich bin nur ein Flötenspieler«, sagte Nathan zaghaft. »Wie kann ich mit meinen Tönen den Menschen das Leben schenken?«

»Alles, was du tust, Nathan, alles, was du sagst, jeder Ton, den du dir denkst und mit anderen Tönen zusammensetzt, trägt den Sinn aller Dinge in sich. Mit seiner eigenen Vollkommenheit. Den Sinn aller Dinge, Nathan. Wenn du mit dem Flötenspiel den Deinen den Sinn der Dinge übermitteln kannst, wirst du den Menschen Leben schenken. Wenn aber deine Weisen keinen Sinn mehr in sich tragen, dann werden sie denen, die du liebst, auch kein Leben schenken. Sei ihr Beschützer, Nathan, denn wenn du ihnen das Leben nicht schenkst, dann sind sie dem Tod ausgeliefert. Niemand kann ohne Sinn leben. Und wenn du sie liebst, dann verurteile sie nicht zu einem Leben ohne Sinn.«

»Ich kann das nicht«, wandte Nathan ein. »Ich bin kein Redner. Ich kenne nur einige Melodien. Und nur die kann ich spielen. Unter den Meinen gibt es sicher bessere Flötenspieler.«

»Aber es ist deine Aufgabe, Nathan. Du kannst sie nicht auf andere übertragen. Fürchte dich nicht, ich werde dir die richtigen Worte in den Mund legen. Ich werde durch dich die Musik spielen, für die du geboren bist. Du musst dich nur ganz den Tönen hingeben, die du hörst. Du musst nur diesen Gesang in dich aufnehmen. Und jedes meiner Worte wird bei dir bleiben, du wirst keines davon je wieder vergessen, Nathan. Diese Noten werden dir für immer übergeben. Sie werden in deinen Fingern bleiben, so lange du lebst.

Und wenn du spielst, wirst du mein Lied spielen, aber es wird dein eigenes Lied sein. Weil wir in diesem Moment eins sein werden. Wann immer du zum Sonnenaufgang an diese Stelle kommst, werde ich zu deinem Herzen sprechen, Nathan. Und du wirst alles verstehen. Denn alles, was das Herz berührt, erhellt auch den Geist. Und nachdem ich an zwölf Tagen zu dir gesprochen habe und du die sieben Schritte zur Vollkommenheit kennst, wirst du zu den Menschen gehen und spielen.«

DER ZWEITE SONNENAUFGANG

# *Die Einsamkeit*

Am nächsten Tag war Nathan sehr früh aufgestanden. Er hatte ein seltsames und wunderbares Gefühl in seiner Brust, eine ganz eigene Mischung aus Furcht und Freude. Er musste immerzu an all das denken, was ihm widerfahren war, und an das, was er gehört hatte.

Aber hatte er es wirklich gehört? Nathan konnte es einfach nicht glauben. »Warum ich?«, fragte er sich.

Als sich die Sonne am Vortag vom Horizont gelöst hatte, als der Wind aufgehört hatte zu wehen und die Stimme aufgehört hatte zu reden, da hatte Nathan ganz deutlich gespürt, dass er Teil eines Ganzen war, eines gut geordneten Ganzen, in dem jede Kleinigkeit wichtig war und ihren Zweck hatte. Wieder spürte er, dass sein ganzes Sein Teil einer Harmonie war, die er bisher mit seinen Gedanken und seinen Noten nur gestreift hatte.

Und als Nathan beim ersten Aufleuchten der Morgenröte von Neuem zum Meeresufer hinabging, da sah er das Universum mit anderen Augen. Durchdrungen von dieser unerklärlichen Freude, setzte er sich auf einen Felsen und blickte nach Osten. Nach einer Weile erhob sich der Wind und wehte sanft durch seine Kleider. Da stellte sich Nathan vor die aufgehende Sonne und nahm seine Flöte in beide Hände.

Jetzt, da die Harmonie um ihn herum sogar in Musik und in einer Stimme Ausdruck gefunden hatte, fragte er sich, wie es nur möglich gewesen war, dass er sich so oft in seinem Leben einsam gefühlt hatte. Was war die Einsamkeit denn in Wirklichkeit? Und warum gab es sie?

»Die Einsamkeit ist euer Schatten, der euch immer umgibt«, flüsterte der Wind. »Deshalb fragt nicht den Schatten eines Vorübergehenden, ob er sich zu eurem Schatten gesellen möchte, auf dass es diesem gelingt, zu verschwinden. Niemand hat die richtige Form, um eure Leere zu füllen, und kein Gipfel eines anderen kann eure Höhen streifen, die allein dem Wind vorbehalten sind. Nur wenn ihr diese Zugehörigkeit versteht, könnt ihr auch dieses Zeichen annehmen, das euer Herz mit Feuer entflammt, euch damit am Leben hält und verhindert, dass der Übermut euch in den Abgrund reißt.

Gleichzeitig aber fasst Mut, um nicht ohne Not diesen Schatten zu vergrößern und ihn zu eurem Abgott zu machen, indem ihr das Schicksal für etwas anklagt, für das nur allzu häufig ihr selbst verantwortlich seid. Ein Großteil eurer Einsamkeit wird nämlich aus euren zu vielen Träumen geboren und aus eurer Unfähigkeit, die Wahrheit zu träumen.

Gebt also nicht der Sonne die Schuld an der Größe des Schattens, den ihr werft. Denn gerade dann, wenn die Sonne sich euch im Zenit nähert und ihre Hand über euer Haupt hält, werdet ihr erkennen, dass euch kürzere Schatten geschenkt wurden. Wenn ihr es tatsächlich verstündet, den Flug eurer Gedanken mit eurem wahren Höhenflug zu vereinen, dann würdet ihr sehen, wie eure Einsamkeit jeden Tag ein bisschen kleiner wird und schließlich ganz entschwindet.

Und ihr würdet aufhören, hohe Mauern zu errichten, die neue Schatten auf eure Schatten werfen und so aus eurer Einsamkeit eine große Verzweiflung machen.

Streckt eure Hände aus nach all den Händen um euch herum, denn es gibt keinen Abgrund, nichts, was euch von den anderen trennt: Es sind von euch errichtete Mauern, ein überflüssiger Schutz für euer Sein. Es sind Ausreden, damit ihr in eurem Leben nichts riskieren müsst.

Denn wenn ihr dem Wind gestatten würdet, ein wenig in euer Zimmer zu treten und die dunklen Vorhänge eurer Einsamkeit zur Seite zu wehen, die ihr in der Finsternis oft noch nicht einmal findet – dann hättet ihr Licht genug, um die Freundschaft zu entdecken, so wie es euch vor langer Zeit möglich war.

Und damit hättet ihr den ersten Schritt auf dem Weg der Erkenntnis getan. Ihr wäret endlich bereit, für einen Freund die inneren Berge zu bezwingen, die ihr für euch selbst nie bezwungen habt, da ihr euch viel zu wenig liebt.«

# *Die Liebe*

»Werde ich den Mut haben, all das den Meinen zu berichten?«, fragte sich Nathan beim Anblick des noch dunklen Meeres.

»Sie haben mich immer mit meiner Flöte spielend durch die Straßen ziehen sehen. Manchmal haben sie mir Beifall gespendet, andere Male sind sie gleichgültig geblieben. Solange meine Musik nichts von ihnen erwartete und nur gehört werden wollte, solange haben sie mich anerkannt. Wenn ich aber mit diesen neuen Tönen in ihre Mitte trete, werden sie mich dann immer noch aufnehmen?«

Nathan fühlte sich der Aufgabe, die ihm übertragen war, nicht gewachsen. Jetzt, da der Sonnenaufgang begann, würde der Wind erneut zu ihm sprechen, und er wusste, dass er in diesen verzauberten Augenblicken alles verstehen würde. Er wusste aber auch, dass seine Zuhörer wohl anderer Meinung sein würden.

»Vielleicht werden sie meine Worte nicht wirklich verstehen«, dachte er. »Sie werden mir zuhören, aber sie werden schwerlich zustimmen, dass die Einsamkeit nicht durch unglückliche Ereignisse entsteht, sondern Teil von uns selbst ist: unser eigener Schatten.«

Der Wind umwehte sanft Nathans Gesicht; der aber konnte seine Gedanken nicht von dem lösen, das er am Tag zuvor gehört hatte. »Wenn niemand über passende Formen verfügt, die unsere Leere ausfüllen können, was ist dann mit all den Liedern, die man bisher über die Liebe gesungen hat? Ich selbst habe der Liebe viele Melodien gewidmet.«

Nathan beobachtete die Sonne, die sich wie ein Ball aus dem Wasser erhob. Auch wenn er dieses Schauspiel schon unzählige Male gesehen hatte, raubte ihm die Schönheit dieses Augenblicks noch immer den Atem.

Er streckte seinen Arm aus, um seine Flöte dieser Lichtquelle entgegenzuhalten, und sofort umhüllte ihn eine liebliche Melodie. Nathan hörte ihr einige Momente wie verzaubert zu.

»Könnte ich doch diese Noten in meinem Herzen bewahren, sie eine nach der anderen wiedergeben, ich wäre der beste Flötenspieler auf der ganzen Welt.«

Da verwandelte sich die Musik in eine Stimme und sagte: »Du machst dir Gedanken um die Liebe, Nathan? Siehst du, das ist der zweite Schritt auf dem Weg der Erkenntnis. So viele Menschen fühlen das Antlitz des Geliebten in ihr Herz eingebrannt und treffen ihn doch niemals. In glühender Erwartung vergeuden sie ihre besten Jahre.

Dennoch war es kein Fehler, Träume zu haben, im Gegenteil: Sie alle hatten sogar zu wenig Träume. Sie haben das Antlitz nur mit den Farben gemalt, die sie kannten, und nicht mit den Farben des Lebens. Und sie wissen nicht, dass das Leben für sie größere Träume bereithält, als sie sich jemals vorstellen können.

Ein großer Teil von diesem *Du*, das ihr im Inneren fühlt, ist nicht die Freude auf das *Du*, das sich mit euch verbindet, sondern die Freude auf das bessere *Ich*, das ihr in den hintersten Winkel eures Herzens verbannt, um euch einzureden, ihr hättet es nie getroffen. Damit euer Herz nicht lieben muss. Und so erforscht ihr Gesichter, die ihr nicht wiedererkennt, weil sie nicht euer Gesicht sind.

Aber niemand ist vom Leben dafür geschaffen, eure Träume zu unterstützen, weil zwei Augen nicht dazu da sind, dass eins zum anderen schaue, sondern auf dass beide in dieselbe Richtung schauen. So wird jedes für das andere zum Licht.

Geht den Weg der Erkenntnis, indem ihr dies versteht. Dann werdet ihr, zusammen mit dem, was ihr sucht, auch das finden, was ihr nicht sucht.

Danach aber zweifelt nicht mehr! – Solange ihr Zweifel habt, dass es Liebe ist, solange ist es keine Liebe. Und seid nicht berechnend! – Denn wenn ihr berechnend handelt, ist es keine Liebe.

Stützt euch nicht mit eurem ganzen Gewicht auf den anderen! Lehnt euch an ihn, wie ein Sonnenstrahl auf ein Blatt fällt. Und wie ein Blatt den Sonnenstrahl, so nehmt den anderen auf. Trocknet eure Tränen und gewährt ohne Angst eurem Herzen dieses Licht und eurer Seele diese Wärme. Aber hütet euch vor Täuschungen! Denn die Strahlen der Sonne sind nicht die Sonne.

Überschüttet den anderen nicht mit all eurer Sehnsucht nach dem Himmel: Er kann sie nicht auffangen, noch könnt ihr jemals die seine auffangen. Bewertet den anderen nicht nach Dingen, die er nie haben wird, sonst werdet ihr euch selbst erniedrigen. Und all das ist keine Liebe.

Verschlingt euch nicht ineinander, sondern geht Hand in Hand gemeinsam den Weg. Führt den Geliebten nicht zur Mitte eures Herzens, sondern in die Mitte *seines* Herzens. Dort wird er auch euer Herz finden, und zusammen werdet ihr die Mitte des Universums finden.

Ihr werdet viele Prüfungen bestehen müssen, und oft wird der Stolz fordern, ihn anstatt der Liebe zu wählen. Zieht euch von diesen Kämpfen aber nicht zurück, denn es gibt nichts Nützlicheres für euch. Wenn ihr sie besteht, werdet ihr Sieger sein. Doch auch wenn ihr im Kampf verliert und euer Herz dabei stärkt, werdet ihr Sieger sein.

Und wenn die Zeit gekommen ist und ihr euch entschieden habt, eure Leben für immer miteinander zu verbinden, dann werdet ihr andere Sphären kennenlernen, aber auch um den Schmerz des Sturzes aus unvorstellbarer Höhe wissen. Und oft werden eure Träume nur noch ein Scherbenhaufen sein. Dann aber werdet ihr eure Flügel tatsächlich entfalten.

Verflucht nicht die Ereignisse; ihr selbst haltet das Ruder eures Schicksals in der Hand.

Eure Wurzeln werden keine neue Kraft finden, wenn ihr dieses Gefäß zerbrecht und den Geliebten verlasst. Dieses Gefäß aus Lehm schützt sie in Wirklichkeit vor dem Austrocknen.

Fühlt ihr euch nicht mehr geliebt, dann seid ihr es, die da sagen: ›Die Liebe ist vorbei.‹ Das jedoch ist erst ihr Beginn. Denn nur derjenige ist ein guter Steuermann, der sein Schiff auch bei Gegenwind zu lenken weiß. Wenn die Gefühle zu Ende gehen, seid ihr es, die da sagen: ›Aber ich liebe nicht mehr.‹ Verwechselt die Liebe aber nicht mit bloßen Gefühlen, denn nur derjenige ist ein guter Steuermann, der sein Schiff auch bei Flaute in windreichere Gegenden zu steuern weiß.

Deshalb seid treu. Denn in der Untreue verdoppelt und vervierfacht ihr euch. Es ist schon schwer genug, *ein* Leben zu führen. Wie könntet ihr da zwei oder gar vier führen? Teilt man einen Samen in zwei, entstehen daraus keine zwei Leben, sondern gar keines. Ihr glaubt neue Freuden zu finden, aber ihr werdet größeren Schmerzen begegnen, als dort, wo ihr euch abgewandt habt.

Schaut deshalb denjenigen wieder an, der auf euch wartet, aber nicht, um ihm zu sagen: ›Du liebst mich nicht.‹ Sondern: ›Ich weiß dich nicht zu lieben.‹ Nur so könnt ihr den Geliebten mit Liebe umhüllen.

Erhebt euren Blick zu den Tugenden des anderen. Ihr habt eure Zeit verbracht, ohne euch zu kennen. Aber wenn ihr die Gedanken eures Begleiters lesen könntet – und das könnt ihr, wenn ihr es wirklich wollt –, um gemeinsam das Buch eures Lebens durchzublättern, dann würdet ihr feststellen, wie schön die bereits beschriebenen Seiten sind und wie schön die heute noch leeren Seiten sein werden.

Denkt daran, dass euer Herz einen nie versiegenden Wind birgt, der nicht nur euren Geliebten zu lieben weiß, sondern darüber hinaus zu lieben versteht. Der durch ihn die ganze Welt zu lieben versteht.

Erhebt euch wie die Möwen gemeinsam zu diesem Flug voller Möglichkeiten. Lasst euch große Freuden und große Schmerzen nicht entgehen, nur weil ihr kein großes Wagnis eingehen wollt. Erhebt euer Haupt und habt Vertrauen, denn wenn ihr diese Liebe lebt, werdet ihr wie zwei Speichen sein, die sich in der Mitte des Rades treffen, um zusammen den ganzen Sinn des sich ewig drehenden Lebens zu begreifen.«

# *Das Leben*

Nathan erinnerte sich genau an alles, was er am Tag zuvor gehört hatte. Vieles hatte er sofort begriffen, und seine Gedanken und sein Herz waren erleuchtet worden. Anderes wiederum war ihm schwieriger vorgekommen, und er hatte den Wunsch, länger darüber nachzudenken, weil er spürte, dass sich dahinter ein sehr tiefer Sinn verbarg.

Während er zum Meer lief, rief er sich einen Satz in Erinnerung, der ihn tief berührt hatte: »Ein großer Teil von diesem *Du*, das ihr im Inneren fühlt, ist nicht die Freude auf das *Du*, das sich mit euch verbindet, sondern die Freude auf das bessere *Ich*, das ihr in den hintersten Winkel eures Herzens verbannt, um euch einzureden, ihr hättet es nie getroffen. Damit euer Herz nicht lieben muss.«

Nathan fragte sich, welche Wahrheit sich hinter diesen Worten verbarg. »Was wollte die Stimme sagen?«, fragte er sich. »Meinte sie vielleicht, der wahre Gegenstand unserer Liebe befinde sich bereits in uns? Dass wir im anderen nur ein Abbild dieser perfekten Liebe suchen? Und was bedeutet: ›Geht den Weg der Erkenntnis, indem ihr dies versteht. Dann werdet ihr zusammen mit dem, was ihr sucht, auch das finden, was ihr nicht sucht.‹ Was suchen wir wirklich in der Liebe?

Warum sagte die Stimme: ›Überschüttet den anderen nicht mit all eurer Sehnsucht nach dem Himmel?‹ Wollte sie damit vielleicht sagen, dass wir nur dann wirklich lieben können, wenn wir begreifen, dass der andere uns viel geben kann, aber nicht alles?«

Nathan blieb stehen. Plötzlich hatte er das Gefühl, das, was er gehört hatte, könne auf sämtliche Arten der Liebe angewendet werden. Nicht nur auf die Liebe zwischen zwei Menschen, sondern auf sämtliche Formen der menschlichen Liebe. Soweit es ihn betraf, so war es ihm nie gelungen, in seinem Herzen die Liebe, wie man sie gemeinhin verstand, von der Liebe zur Natur, zu Gott, zu den Menschen zu trennen: Für ihn war es, als ob jede dieser Formen der Liebe sich aus der anderen nähren würde.

Nathan setzte seinen Weg fort und kam gerade noch rechtzeitig an, um den ersten Windhauch einzufangen, denn der Sonnenaufgang hatte bereits begonnen.

Eilig nahm er seine Flöte und hielt sie in die Höhe. Dabei dachte er, dass der Mensch, auch wenn er liebt, immer etwas erwartet, und dass die vielleicht einzige Liebe, bei der die Menschen eher geben als nehmen, die Liebe zu ihren Kindern war. Dies hing aber sehr stark davon ab, wie man seine Kinder erzog.

»Nicht ihr erzieht eure Kinder, sondern sie erziehen euch«, sagte die Stimme plötzlich. »Sie sind eure Erzieher, denn bevor sie euch nachahmen, warten sie, ob das, was ihr tut, sich als richtig erweist. Und wenn ihr sagt: ›Wir werden einem Kind das Leben schenken‹, wisst ihr, welches Leben ihr schenkt? Nicht das ihre, das eure. Wenn ihr das nicht versteht, wäre es besser, voneinander zu lassen und euer Augenmerk auf etwas anderes zu richten.

Und wenn ihr sagt: ›Die Kinder sind unser Kreuz‹, freut euch, dass sie euch daran festgenagelt haben und euch so vor dem Abgrund bewahrt haben. Und auch wenn ihr sagt ›Unsere Kinder rauben uns eine Menge Zeit‹, fragt euch, ob diese geraubte Zeit besser verbracht werden könnte.«

Einige Augenblicke lang wehte der Wind, ohne eine Stimme verlauten zu lassen. Dann sprach er weiter: »Hört auf eure Kinder, solange sie noch klein sind, denn auf ihren Gesichtern erscheint noch immer der Hauch eines Lächelns, das ihnen die Engel mitgegeben haben.

Wenn ihr sie an der Hand haltet, habt keine Eile, sondern passt euch ihrem Schritt an, weil sie möchten, dass ihr von eurer Eile geheilt werdet. Macht ihnen keine Geschenke, sondern schenkt euch selbst. Geschenke sind euer Alibi, um euch nicht selbst zu schenken. Begebt euch in ihre Hände, denn sie besitzen die Weisheit, die ihr verloren habt. Ruft sie beim Namen, und sie werden das Kind in euch rufen: das Kind, das ihr selbst nicht wieder zum Leben erwecken konntet. Sie werden mit ihm im Garten des Lebens spielen.«

Wieder hörte der Wind auf zu sprechen und wehte einige Augenblicke in der Stille. Dann fuhr er fort: »Doch hört auch auf eure Kinder in ihrer Jugendzeit. Große Teile der Mauer, die sie in diesen Tagen gegen euch errichten, haben sie nicht mit ihren Mauersteinen gebaut, sondern mit euren.

Verlangt von ihnen nichts, wozu ihr selbst keine Lust habt. Wenn ihr weise seid, wird es euch genügen, ihr selbst zu sein. Wenn ihr es aber nicht seid, überhäuft sie nicht mit Grenzen, ohne ihnen Ziele aufzuzeigen, sondern zeigt ihnen die Schönheit dieser Ziele. So werdet ihr mehr erreichen als mit dem Aufzeigen der Gefahren, die womöglich in irgendwelchen Abgründen lauern.

Seid nicht betrübt, wenn sie die Regeln, die ihr ihnen beizubringen versucht, nicht beachten. Gäbe es keine Regeln, würden sie in Wirklichkeit vor Angst zittern. Ihre Überschreitungen dienen der Überprüfung ihrer Gültigkeit. Manches Mal verbirgt sich darin aber auch die Forderung nach eurem Tadel. Ihr sollt eure Liebe zu ihnen unter Beweis stellen.

Wenn sie euch verletzen, dann deshalb, weil ihr ihnen eure Verletzlichkeit gezeigt habt. Oder weil ihr gegeben habt, ohne ihnen zu zeigen, wie man gibt.

Manches Mal werden sie die Tür hinter sich zuschlagen und euch verlassen. Aber auch, wenn ihr sie gehen seht, haben die Schiffe, mit denen sie in See stechen, Laderäume voll mit Gaben, die ihr ihnen mit euren guten Worten mitgegeben habt. Und beim ersten Unwetter werden sie sich dorthin flüchten.

Ihr bestellt ihre Felder, aber holt nicht die Ernte ein. Eure Aufgabe ist es, ständig zu geben, auch wenn das Schwert ihrer Freiheit eure Hände verletzt.«

Noch einmal verstummte der Wind, auch wenn er weiterhin wehte. Dann sprach er weiter: »Und schließlich, hört auf eure Kinder, auch wenn sie fast erwachsen sind. Mit Staunen werdet ihr feststellen, dass sie euch überholt haben, dass ihr Schiff alle ersten Klippen umschifft hat und sich nun vor der gefährlichsten Klippe befindet: vor euch. Lange Wege der Verwirklichung liegen vor ihnen, Wege, die ihr nicht kennt. Blind werdet ihr ihnen die Straßen versperren. Aber die Pflanze ist zum Gebären da, nicht um das Geborene festzuhalten.

Haltet ihr eure Pläne für größer als die Pläne des Lebens? Deshalb, haltet sie nicht fest. Ihr habt ihnen euer Leben geschenkt. Nun holt es euch zurück und verzichtet darauf, sie zurückzuhalten.

Macht euer Herz frei von allem Habenwollen, denn wenn eure Flöte nicht hohl und leer ist, kann die neue Melodie des Lebens nicht durch sie hindurchströmen.

Wenn ihr diese perfekte Art zu geben lebt, werdet ihr sie in ihrem neuen Licht lieben können. Und dann, seien sie Kinder eures eigenen Blutes oder Kinder, die euer Herz ausgesucht hat, werdet ihr den dritten Schritt auf dem Weg der Erkenntnis hinter euch haben.

So könnt ihr die überall gültigen Töne in eurem Inneren hören, und ihr werdet wissen, dass das Leben durch euch eine neue Melodie geschaffen hat.«

# Der Schmerz

Nathan atmete die Luft des anbrechenden Morgens tief ein. Als er sie in seinen Lungen spürte, war ihm einen Augenblick zu Mute, als vibrierte sie wie der Wind in seiner Flöte.

»Wenn das Leben nun wirklich durch uns seinen Gesang komponiert«, dachte Nathan, »dann bin ich vielleicht auch wie eine Flöte. Vielleicht strömt der Wind durch mich hindurch, wenn ich atme. Vielleicht sind die vielen Wunden, die die Zeit uns zufügt, nichts anderes als die Öffnungen, durch die die Musik der Dinge ertönen kann. Vielleicht hängt ja auch im Angesicht des Schmerzes alles davon ab, auf welche Stellen wir unsere Finger legen.«

Indem Nathan sein Instrument zur Sonne hin ausrichtete, bat er den Wind dafür um Bestätigung.

»Der Schmerz ist euer größtes Geheimnis, Nathan. Mehr noch, er ist das Zeichen für eure Zugehörigkeit zu einem Geheimnis. Ich werde euch nichts darüber erzählen, obwohl der Schwimmer immer wissen möchte, welche Bahn er einschlägt. Aber das führt nur dazu, dass er seinen Kopf anhebt und zu schwimmen aufhört.

Nicht mit Angst oder Verzweiflung besiegt man den Sturm; sehr oft verursacht ihr selbst die größten Stürme in eurem Inneren durch eure Aufregung. Wenn ihr schon in eurem Herzen dem Schmerz nicht entfliehen könnt, so nützt es nichts, Personen oder Dingen hinterherzulaufen, um dem Schmerz zu entgehen.

Nichts und niemand hat die Macht, euch das zu geben, was ihr euch selbst nicht schon gegeben habt.

Oft ist der Schmerz ein blinder Fleck eures Verstandes. Entfernt ihn, und der Schmerz wird weichen. Setzt jedem widrigen Wind das Segel entgegen, und er wird euch zum Freund werden und euch führen.

Oft lasst ihr selbst den Schmerz entstehen, gemauert aus den Backsteinen eurer falschen Entscheidungen und dem Mörtel eures Pessimismus.

Oft verdammt ihr das Leben für die vielen Dornen, die euch durchbohren. Aber ihr wisst nicht um die Flügel, die euch weit über die selbst gewählten Dornenbüsche hinaustragen könnten.

In dem von euch vergrabenen Schatz versteckt sich eure unentdeckte Freude. Nicht zufällig wisst ihr von der Freude am Geringsten. Denn wenn ihr sie kennen würdet, wärt ihr in der Lage, zu leiden und zu geben. Dann würdet ihr in vollkommener Heiterkeit einen Großteil der Dornen eurer Wünsche unter euch zurücklassen.

Es scheint wirklich so zu sein: Je mehr ihr eure Hände über euren Besitz breitet, desto weniger könnt ihr die Freude ans Herz drücken. Wenn ihr auf das seht, was ihr habt, sagt ihr immer: Es ist wenig. Aber wenn das Leben es euch nimmt, schreit ihr sofort: Es war alles, wir waren glücklich und wussten es nicht.

Deshalb wäre es besser, wenn ihr am Morgen beim Aufstehen sagen würdet: ›Ich bin glücklich und weiß es nicht.‹ Und genauso am Abend beim Zubettgehen: ›Ich bin glücklich und weiß es nicht.‹ Das aber ist euch nur möglich, wenn ihr das Antlitz der Freude erkennt, denn mit ihr überwindet ihr auch den Schmerz. Und das Böse.

Wieso habt ihr die Freude verloren? Warum habt ihr auf sie verzichtet? Wie rebellische Geschöpfe des Meeres seid ihr dem Ozean entstiegen, in dem ihr geboren wurdet, um dann in salzigen Pfützen auf den Felsen zu landen. Und nun verflucht ihr das Leben, weil die Sonne euch auf der Haut brennt und die spitzen Steine euch verletzen.

Mit wenigen Sprüngen könntet ihr in den Schoß des Wassers zurückkehren. Stattdessen zieht ihr es vor, zu fluchen, haltet eure Lage für die einzig mögliche und bemüht euch nur, eure traurige Seite noch besser darzustellen. Aber indem ihr euch schwarz kleidet, obwohl doch gar kein Trauerfall vorliegt, verkündet ihr nur den anderen euren eigenen Tod. Wacht auf und hört auf, so hartnäckig an die Türen des Schmerzes zu pochen, denn so erreicht ihr höchstens, dass sie sich weit für euch öffnen.«

Unversehens flaute der Wind ab. Da aber die Sonne noch nicht ganz aufgegangen war, verharrte Nathan noch einige Augenblicke in der Stille. Plötzlich bemerkte er jedoch in der Mitte der Sonne eine Art schwarzen Fleck. Schon zuvor hatte er ähnliche Flecken auf der Oberfläche der Sonnenscheibe bemerkt.

Während er diesen Fleck betrachtete, dachte Nathan an die eben gehörten Dinge und all das Leiden, das seine Leute sich mit ihrer Lebensweise schufen. Auch er hatte viele Male ganz umsonst gelitten. Aber es gab auch großes Leid, das er nicht hatte verhindern können, wie das Sterben geliebter Menschen. Warum traf der Mensch auf seinem Weg auch auf den Tod?

Während Nathan so den schwarzen Fleck in der Mitte der Sonne fixierte, erstarb die Stille plötzlich:

»Ihr seid nicht unsterblich, aber ihr lebt so, als wäret ihr es. Ihr seid unsterblich, aber ihr lebt so, als wäret ihr es nicht. Was würdet ihr von einem Leben ohne Tod lernen, wenn ihr doch, obwohl ihr sterben müsst, nicht zu leben wisst?

Der Tod ist die sachteste Liebkosung, die das Leben euch schenkt. Wenn ihr bei der Berührung schreit, dann deshalb, weil ihr beim Anblick denkt: ›Nichts ist mehr.‹ Aber so wie jede Note ausklingt, um der Stille Platz zu machen, ohne die eine neue Note nicht entstehen kann, so flicht der Tod Melodien mit dem Leben, die ihr nicht anhört, weil ihr jeden einzelnen Ton festhalten wollt, indem ihr ihm zuruft: ›Bleib für immer da!‹

Aber die geliebten Wurzeln eurer Bäume sind dazu bestimmt, zu Blättern zu werden, die eure Augen nicht sehen können, auch wenn ihr jeden Tag ihr Rascheln im Wind hören könnt.

Und in der Erwartung, dass der Wind auch euch auf seine Flügel nimmt, vergeudet nicht die Tage damit, das Hab und Gut des Verstorbenen zu verteilen, sondern bittet ihn noch auf dem Sterbebett um das Vermächtnis seiner Weisheit, damit er nicht umsonst gelebt hat. Die Dinge, die er erfahren und erlebt hat: Sie sind euer größtes Erbe!

Und wenn beim Sterben sein ganzes Leben noch einmal an euch vorüberzieht und es euch scheint, als würde jeder einzelne Moment entschwinden, so vergebt ihm und bittet ihn um Vergebung, damit jeder einzelne Moment wieder zum Leben erwacht.«

DER SECHSTE SONNENAUFGANG

# *Die Wolken*

Als Nathan am nächsten Tag ans Ufer kam, bemerkte er, dass das Meer stürmisch war und der Himmel bedeckt war mit großen Wolken, die bis an den Horizont reichten.

An diesem Morgen würde er keinen Sonnenaufgang sehen. Und doch hatte der Wind ihm gesagt: »Und nachdem ich an zwölf Tagen zu dir gesprochen habe und du die sieben Schritte zur Vollkommenheit kennst, wirst du zu den Deinen gehen und spielen.«

Er aber hatte, außer dem ersten Mal, als er nur seinen Namen gehört hatte, den Wind nur an fünf Tagen vernommen. Und er hatte bislang nur von den ersten drei Schritten der Erkenntnis gehört: Vom Ende der Einsamkeit, vom richtigen Lieben und von der vollkommenen Gabe, sich selbst zu schenken.

Nathan setzte sich und sah den grauen Wellen zu. Er wartete einen Moment, nahm dann seine Flöte und begann, eine alte Melodie zu spielen. Sein Herz aber blieb traurig, denn die Melodien aus vergangenen Zeiten sagten ihm nichts mehr.

Er streckte sich auf einem Sandstreifen aus und beobachtete die Wolken. Er dachte, wie leer alles wäre ohne die Harmonie, die er nun kannte. Wie nichtig sein Leben wäre ohne den Sinn der Dinge.

So in Gedanken versunken, verstand er besser, wie die Seinen lebten: Für fast alle war dieses Grau in Grau alltägliche Normalität. Aber wie war es möglich, dass sie nie diese innere Stimme vernahmen, die er hörte? Nein, er war ganz sicher, auch sie hörten sie. Ganz sicher war ihr Herz wie sein Herz, denn sie waren nicht besser oder schlechter als er. Aber warum wollten sie dann immer den Eindruck erwecken, sie seien so gar nicht empfänglich für die Musik der Dinge?

Manches Mal war Nathan von ihnen verspottet worden, oder er hatte gehört, wie sie über ihn lachten. Ständig ertappten sie ihn, wenn er ganz versunken war, und sagten ihm, er sei mit seinen Gedanken immer woanders.

Andere Male hatten sie ihn dafür kritisiert, dass er sich zu wenig um seine eigenen Interessen kümmerte. Und manches Mal – und das tat ihm am meisten weh – hatten sie nur Gleichgültigkeit für ihn übrig. Oft war er stolz mit einer neuen Melodie, die er am Meeresufer von ganzem Herzen komponiert hatte, unter die Seinen getreten und hatte gedacht: Jetzt werden sie mit mir singen, jetzt werde ich sie zum Tanzen, Hüpfen und Springen bringen. Die Menschen hörten ihm auch zu, und manches Mal klatschten sie in die Hände. Aber sie tanzten nicht, sie sprangen nicht, sie hüpften nicht. Und Nathan fühlte sich ziemlich traurig.

Nachts ging er dann zurück zum Ufer des Meeres, und mit der Flöte in seinen Händen sagte er zu den Sternen: »Ich habe fröhliche Lieder gespielt, und sie haben nicht getanzt; ich habe traurige Lieder gespielt, und sie haben nicht geweint; ich bitte euch, tanzt *ihr*, Sterne des Himmels, weint *ihr*.«

Manches Mal hatte Nathan sich gewundert, ob seine Seele vielleicht auf der falschen Welt gelandet war. Und er fragte sich: »Aber wo ist mein Zuhause?« Und da er keine Antwort bekam, begriff er, dass er sein Zuhause noch tiefer in seinem Herzen suchen musste. Da kehrte er zu den Seinen zurück und versuchte, einer der ihren zu sein, sie zu lieben, ihnen zu dienen. Es war ihm nicht wichtig, von den anderen geschätzt zu werden: Es betrübte ihn nur, dass es ihm nicht gelungen war, sie dazu zu bringen, mit ihm zu spielen.

Nathan war im Grunde ein Kind geblieben. Manches Mal hatte er den Eindruck, steinalt zu sein und doch kein einziges Lebensjahr zu besitzen.

Er konnte nicht begreifen, warum der Sinn für das Spielen nur etwas für die Kindheit sein sollte und warum all die Seinen diesen Sinn verloren hatten. Nathan erinnerte sich daran, dass sie sich in ihren jungen Jahren in die Augen geschaut hatten, dass sie sich gegrüßt und miteinander geredet hatten. Sie hatten sich kleine Dinge zu schenken gewusst. Was war geschehen, dass sie all dies vergessen hatten?

Oft konnte Nathan in ihren Herzen lesen, aber er hatte Angst, es zu sagen. Und in sich spürte er, dass auch sie dazu in der Lage waren. Oft hatte er auf der Straße einen Blick aufgefangen, der ihm vieles sagte, aber er hatte nicht nachgefragt.

Er hatte immer Angst davor gehabt, anders zu sein, aus den vorgegebenen Mustern herauszufallen, und deshalb vergrößerte auch er unbewusst die Distanz zwischen sich und den anderen. So geschah es, dass fast alle Zusammentreffen vorübergingen, ohne dass die wichtigsten Sätze je ausgesprochen wurden.

Aus Respekt vor den Menschen oder aus der Furcht, das Zeigen von Gefühlen könnte als Schwäche ausgelegt werden, erstickte er in seinem Herzen jedes ehrliche Gespräch. Und so sagte er sich selbst: »All das, was ich nicht sagen kann, werde ich mit der Musik sagen.«

Er zog sich also ans Ufer des Meeres zurück und spielte auf seiner Flöte. Und es gefiel ihm zu glauben, die Fische des Meeres hätten ihm zugehört und die Vögel des Himmels hätten seine Klänge vernommen. Manches Mal wartete er auf eine Bestätigung, auf ein Zeichen, aber es kam nie etwas. Das hielt jedoch Nathan nicht davon ab, weiterzuspielen. Im Gegenteil, genau dieser Wunsch war der Kern seiner Musik. Außerdem gab es nichts, was ihn mehr hätte begeistern können.

Jetzt, da der Wind des Sonnenaufgangs mit ihm zu sprechen begonnen hatte, fragte er sich, ob nicht dies die Antwort war, auf die er wartete, diese Bestätigung, die er erhoffte.

Deshalb war es an jenem Tag so schwer, das Meer ohne Horizont zu beobachten, die Dinge ohne das Licht der Sonne zu betrachten. Es war, als sähe man seinen eigenen Sinn nicht mehr. Traurig erhob sich Nathan wieder, wandte sich gen Westen und ging zu seiner Bleibe zurück. Er fühlte sich verloren und verspürte keinen Wunsch, ins Haus hineinzugehen. Deshalb legte er sich in seine Hängematte unter den Bäumen und wartete. Er wartete, bis der Tag zu Ende ging und bis die Nacht langsam über ihn hereinbrach.

»Ich kann niemanden beschützen«, sagte der Flötenspieler zu sich selbst. »Ich kann mich selbst nicht beschützen, wie könnte ich da andere beschützen?«

Die Stille der Nacht nahm zu. Nathans Gedanken zerstreuten sich und lösten sich auf. Ein ganz sanfter Wind schloss seine Augenlider, und er schlief ein.

DER SIEBTE SONNENAUFGANG

# *Das Vergessen*

Als Nathan am folgenden Morgen auf den letzten Felsen sprang, sah er, dass die Stelle, an der die Sonne aufgehen würde, frei, ja sogar schon erhellt war vom Licht der Morgenröte, obwohl der Himmel noch immer von großen Wolken verdeckt war. Voll Freude nahm er seine Flöte und hielt sie in Richtung des Horizonts, noch ehe der Wind zu wehen begann. Nach wenigen Augenblicken zeichnete sich die Form der Sonne ab und die ersten goldenen Strahlen blinzelten in Nathans Augen.

»Wo warst du gestern, Nathan?«
»Ich war hier«, antwortete der Flötenspieler überrascht.

»Und warum hast du nicht dein wahres Lied gespielt?«

»Weil die Sonne nicht da war.«

»War es etwa Nacht, Nathan?«

»Nein ... aber große Wolken schoben sich vor den Sonnenaufgang.«

»Die Sonne geht immer auf, Nathan. Auch wenn du sie nicht sehen kannst. Und auch gestern habe ich zu dir gesprochen. Aber du konntest mich nicht hören. Wenn du nicht lernst, mehr als das Sichtbare zu sehen oder den Schleier deiner Zweifel zu zerreißen, werden die Deinen das Vergessen nicht hinter sich lassen können.«

»Was ist das Vergessen?«

»Das Vergessen ist euer ersehnter Begleiter. Ihr schmeichelt ihm, indem ihr es euren Wind und euren Flug nennt. Und es ist ein Flug, ja, aber einer, der die Blätter fallen lässt. Und es ist der Wind, ja, aber der eurer Einbildung. Das Vergessen führt zum Absterben eures Samens, aber nicht, weil er keimen würde, sondern weil er fault. Das Vergessen kommt mit vielen Gesichtern zu euch:

Es hat das Gesicht der Leere in euch, so lange, bis es ganz Besitz von euch ergriffen hat. Oder es hat das Gesicht des Ganzen, wenn es nichts als Leere in euch zurückgelassen hat.

Es hat das Gesicht der von euren Gefühlen erfundenen Himmel, und das ist vielleicht sein unschuldigstes Gesicht, auch wenn es sich für lange Zeit eurer Flügel bemächtigt und sie zu tiefen Abgründen lenkt.

Es hat das Gesicht eures Körpers, wenn ihr ihn nicht kennt und euch unbedacht in ihm bewegt und jede Kostbarkeit in ihm zerstört, ihn in eine Falle verwandelt, in der ihr nur noch schreien könnt, so lange, bis ihr vergessen habt, dass diese äußerste Hülle eures Bewusstseins der stabilste Teil eures Liedes war.

Es hat das Gesicht der Flucht vor euch selbst: Opium, das euch zu leeren Hülsen werden lässt, durch die der Rauch zieht, statt Schilfrohrflöten, die durchdrungen sind von der Musik des Universums.

Es hat das Gesicht eurer Lehrer, wenn sie keine Lehrer mehr sind und sich nicht mehr um euer Schicksal kümmern. Oder noch schlimmer: Wenn sie euch euer Schicksal bereiten, indem sie Stolperfallen für euch aufstellen.

Es hat das Gesicht tausendmal wiederholter Bilder und Töne, damit das Dunkel, das in euch herrscht, hinter blinden Augen und tauben Ohren versteckt werden kann.

Es hat das Gesicht unnötiger oder übertriebener Arbeit, als sei euer Maß die Leistung eurer Arme und nicht die eures Herzens, als sei euer Tun wichtiger als euer Sein.

Es hat das Gesicht der vielen Sachen und Dinge, die euch umgeben, die ihr gebraucht, um ihnen zu Diensten zu stehen.

Es hat das Gesicht tausender Philosophien, denen ihr eure Gedanken unterwerft und dabei eure Intelligenz demütigt und euch von den Gedanken anderer Menschen knechten lasst.

Es hat das Gesicht des Vergänglichen unter der Maske des Neuen, der Vermischung unter der Maske der Einheit, des Exotischen unter der Maske der Wahrheit, des Relativen unter der Maske des Absoluten, des Absoluten unter der Maske des Relativen.

Es hat das magische Gesicht eines Götzenbildes, dessen Weissagungen euch verwirren und täuschen; sogar eines Gottes, mit dem man sich schmücken kann, mit Torheit gesucht und ohne Tugend verehrt.

Und schließlich hat es euer Gesicht, wenn ihr euch im Spiegel anschaut und euch blenden lasst.

Das Vergessen hat all diese Gesichter und noch viele mehr. Seine Früchte des Todes sind die graue Unbeweglichkeit und der lähmende Verlust des Sinns. Seine unbezwingbaren Feinde sind das Gedeihen eures Samens und das Wiedererwachen des Bewusstseins.«

# Das Wissen

Tags zuvor hatte Nathan viel über all das nachgedacht, was er über die Gesichter des Vergessens gehört hatte. »Für jedes dieser Gesichter müsste ich einige Tage innehalten und nachdenken; vielleicht würde ich dann die Hälfte der Dinge verstehen, die ich lernen muss«, sagte Nathan mit lauter Stimme vor dem Meer, das den Sonnenaufgang erwartete.

»Der Mensch macht im Laufe seines Lebens viele Fehler. Allein das Nachdenken über sie würde genügen, um große Weisheit zu erlangen. Aber interessiert uns Weisheit wirklich? Ich habe den Eindruck, dass wir es oft vorziehen, nur von Gefühlen zu leben, von der Suche nach der Freude als Selbstzweck, als wäre dies die einzige Form von Wissen, die wir haben können. Diese Art und Weise unseres Seins führt zu nichts anderem als zu Wiederholungen der immer gleichen Erfahrungen und verhindert somit das Wachsen unseres Bewusstseins.«

Nathan hatte begriffen, dass sein Wissen um die Dinge nicht nur mehr werden konnte, sondern auch besser, weil sein Fühlen sich genauso verändern konnte, wie er sich in seinem Herzen veränderte. Seine Sinne trugen ihm natürlich eine Menge Information von außen zu, aber es schien, als könnte er die meisten dieser Informationen nur in dem Maße verstehen, in dem er wirklich mit seinem Herzen dabei war, dieses Wissen aufzunehmen. Kurz, es war, als käme sein Wissen nicht von der Welt zu ihm, sondern von ihm in die Welt.

Nathan wollte jedoch die Bestätigung durch den Wind, und so hielt er seine Flöte der aufgehenden Sonne entgegen und versuchte seine Aufmerksamkeit auf die Worte zu lenken, die ihn ganz sanft wie eine Musik durchdrangen:

»Ihr seht das Wissen wie ein Zimmer in eurem Verstand, das man mit großen und kleinen Dingen füllen kann. Dabei ist es in Wirklichkeit eine

Pflanze, die in euch keimt und zum Baum heranwächst, dessen Früchte niemand von außen bringen oder ergänzen kann, denn es ist die Frucht eures erwachenden Seins.

Ihr denkt, der Verstand sei euer einziges Mittel des Wissens, dabei ist er nur das Werkzeug, das es euch ermöglicht, Wissen dort aufzunehmen, wo eure Augen es sehen. Aber es gibt Tiefen, in die eure Augen nicht schauen können. Wenn es euch gelingt, eure Angel auch dort auszuwerfen, könnt ihr reichere Beute machen.

Ihr glaubt, nur die Musik zu kennen, die ihr mit euren Ohren hört. Wenn ihr aber all eure Zweige und Blütenblätter der Sonne öffnen würdet, so könntet ihr die zarte Sinfonie hören, die über den Zeilen eures Wissens schwebt.

In eurem Herzen gibt es tatsächlich Saiten, die ihr nie berührt; ihr bringt immer nur eine zum Klingen und wiederholt von eurem Wissen den einzigen Ton, zu dem ihr im Laufe der Zeit werdet.

Ganz selten, wenn euch der Wind streichelt, hört ihr viele dieser gespannten Saiten vibrieren, aber dann verhallt die Einladung, eure Hände zu gebrauchen, ungehört und ihr bleibt stumm. So kehrt ihr aus Angst vor dem Sein zur Monotonie der Existenz zurück.

Lest ruhig eure Bücher. Labt euch an euren Festessen der Worte. Aber belügt euch nicht selbst, indem ihr sagt, dies sei Wissen oder der Verstand besitze mehr Wissen als das Herz. Denn wer liebt, besitzt schon Wissen, und wer Wissen besitzt, weil er liebt, ist sogar weise.

Euer Umherziehen bezeugt, dass ihr euer Herz aus den Augen verloren habt. Ein jedes eurer Leiden versenkt seine Wurzeln tief ins Herz, denn wenn die Torheit rennt, wird sie von der Weisheit, die längere Beine hat, mit der Peitsche des Schmerzes verfolgt. Die Torheit ist tatsächlich kein Weg, sondern nur ein Ausbreiten eurer Ähre auf dem Stein, wo die Zeit sie so lange drischt, bis alle Körner verteilt sind. Damit jedes Korn in eurem Herzen aufgeht, sein Wissen freisetzt und das Wissen in Freude verwandelt.

Nennt deshalb eure Ängste beim Namen, nennt sie Sehnsucht nach dem, was ihr wart und was ihr sein werdet. Euer Leben ist ja in Wirklichkeit für die Freude geschaffen, und ihr habt schon immer die Schwingen des Adlers besessen. Und deshalb folge euer Wissen nicht mehr sich selbst, sondern führe euch in einem weiteren Schritt zu eurem Ziel, zur Wahrheit.«

DER NEUNTE SONNENAUFGANG

# *Die Wahrheit*

Nathan war überrascht, dass er begonnen hatte, viele der Dinge, die er tags zuvor gehört hatte, bereits zu verstehen. Stimmten seine Gedanken denn jetzt mit denen des Windes überein? Unternahm er etwa von sich aus schon den vierten Schritt, den des echten Wissens, von dem der Wind ihm am Vortag erzählt hatte?

»Wenn es wirklich so ist, brauche ich den Wind bald nicht mehr«, sagte er stolz zu sich selbst, während er das Meer betrachtete. Er sprang auf einen Felsen, verlor aber das Gleichgewicht und rutschte aus. Als er sich wieder aufrichtete sagte er: »Vielleicht bin ich wirklich aus dem Gleichgewicht geraten, aber mehr mit dem Verstand als mit dem Körper.«

Er wischte den stolzen Gedanken von vorhin weg und begann vorsichtig weiterzulaufen.

»Den Wind nicht mehr brauchen? Wie konnte ich das nur sagen?«, überlegte Nathan. »Weil ich nicht mehr unterscheide zwischen dem, was ich denke, und dem, was ich höre. Es ist, als veränderte mich diese Musik in meinem Inneren. Als würde jegliche Distanz zwischen mir und der Weisheit, die meine Flöte durchströmt, aufgehoben.«

Nathan hatte das Gefühl, dass die Melodien ganz sanft mit jedem noch so kleinen Teil von ihm verschmelzen würden, dass seine Gedanken edler wurden, sein Verstehen größer. Es war, als hätte er endlich die liebliche Begleiterin gefunden, die sein Wesen schon immer gesucht hatte.

Die Stimme hatte von einer Pflanze gesprochen, die Wurzeln austrieb und zum Baum wurde. Und tatsächlich war das, was Nathan in sich spürte, wie das Gedeihen eines Lebens, das das Leben aller Dinge war. Mit seinen Augen sah er wirklich, wie das Leben keimte und Wurzeln austrieb. So sehr, dass er manches Mal dachte: »Ich bin wieder aufgewacht.«

Aber gleich darauf wurde ihm bewusst, dass sein Aufwachen noch nicht beendet war, dass dieses Leben weiterkeimte.

Er fühlte sich wirklich wie eine Pflanze, die aus einem im eigenen Dunkel eingeschlossenen Samen in den Himmel gewachsen war, sich den Strahlen der Sonne geöffnet hatte und all ihre Blätter zur Betrachtung der Dinge entfaltet hatte.

Es war ein sanftes Betrachten, denn alles, was er sah, war durch dieses Leben vereint. Die Steine, das Meer, alles Lebendige war wie eine einzige Wirklichkeit, weil das Leben, das sie durchfloss, auch Liebe war.

Als Nathan spürte, wie der Wind in das Gespinst seiner hochfliegenden Gedanken wehte, bemerkte er, dass sein Ich noch höher gleiten konnte und von dort den Fluss des Lebens noch besser erkennen konnte. Nathan überließ sich nur deshalb nicht vollständig dieser sanften Energie, die ihn mit tausend inneren Stimmen lockte, weil er sich noch nicht bereit fühlte.

Nichts hielt ihn außer seiner Furcht und der Grenze seiner Erkenntnis. Aber diese Grenze war nur vorübergehend, denn in den Momenten, in denen er ganz in sich zu Hause war, strebte er nach

Unendlichkeit. Alles wurde unwiderstehlich von seinem Ziel angezogen.

Nathan hielt inne, um versunken das Rosa der Morgenröte zu betrachten, das sich mit dem Blau des Himmels traf.

Er dachte sich: »Wenn ich mich vorher in all diese Dinge vertieft hätte, statt sie nur anzuschauen, hätte ich sofort den Sinn der Dinge erkannt. Ich habe viel von meiner Zeit vergeudet. Viele meiner Jahre habe ich nicht gelebt. Wenn ich all die Tage zusammennehme, an denen ich wirklich gelebt habe, dann erkenne ich, dass ich die Reife eines sehr kleinen Kindes besitze. All die Erfahrungen, die ich in der Welt gemacht habe, zählen recht wenig im Vergleich zu dem, was mir jetzt geschenkt wird. Hätte ich mehr in der Wahrheit gelebt, dann wäre ich jetzt ein Mann, und wer weiß, wie viele Dinge ich schon mit meinen Händen festhalten könnte.«

In jenem Augenblick wollte Nathan jedoch nicht in die Vergangenheit zurückblicken: Das hätte ihn daran gehindert, dieser inneren Stimme richtig zuzuhören, die, hätte er es gewollt, ihn in einer Sekunde hundert Jahre alt hätte werden lassen.

Der Flötenspieler wurde sich bewusst, dass er den Seinen niemals die Sprache des Windes hätte erklären können, weil sie geheimnisvolle und unerklärliche Zeichen enthielt, deren Absolutheit und Schönheit er nur flüchtig wahrnahm. Und weil er niemals in der Lage gewesen wäre, diese Zeichen verständlich zu machen.

Er wusste nicht, ob diese geheimnisvollen Zeichen tatsächlich der Wind brachte oder ob sie einfach bereits in seinem Herzen eingebrannt waren und der Wind nichts anderes tat, als sie freizulegen, als wären sie die Spitze eines antiken, rätselhaften Gebäudes, das seit Jahrtausenden in der Wüste begraben war. Er konnte nur sagen, dass all das, was ihm geschah, nicht von ihm kam, ja, dass er sich vor dem Hintergrund dieses ganzen Geschehens ziemlich schwach fühlte.

Nathan kniete nieder, legte seine Flöte in den Sand, tauchte seine Hände ins Meerwasser und spürte das Leben. Er spürte, dass es zu ihm gehörte, so wie er zu ihm. »Danke. Danke, dass du mich aufgenommen hast. Dass ich zu einem Tropfen werden kann, der endlich seinen Ozean erreicht hat.«

Ein Windhauch strich sanft über Nathans Haar. Er hob den Blick und sah mit Freude die Sonne, die ihn wieder besuchte, als würde sie jeden Tag nur für ihn aufgehen. Er stand auf und trocknete sich die Hände an seinen Kleidern ab. Er nahm seine Flöte und hielt sie in die Höhe.

»Du hast die Wahrheit gefunden, Nathan. Du bist erst am Anfang deines Weges, aber du hast sie gefunden. Und du hast sie auf dem einfachsten und kürzesten Weg gefunden, weil die Musik, die du immer gespielt hast, die Poesie in deinem Herzen lebendig erhalten hat.

Viele suchen die Wahrheit, indem sie der Partitur der Gedankengänge folgen. Aber sie finden keine Melodie, weil sie aus den Einzelstücken, die sie besitzen, die Existenz des Ganzen nicht erahnen.

Es gibt keinen Gedankengang, der für sich allein die ganze Wahrheit enthalten kann; nicht durch Denken und nochmal Denken können sie den Weg zur Wahrheit finden, und deshalb begehen sie am Ende den größten Fehler: Sie erfinden sie.

Oft sind sie ganz geschickt im Zurechtzimmern einer Wahrheit, passend für das eigene Maß, die eigene Größe, den eigenen Vorteil. Manches Mal ergötzen sie sich sogar an einem Mischmasch aus früheren Fehlern und glauben, so eine neue Wahrheit zu erhalten. Auf diese Weise aber machen sie sich selbst zu Göttern, ohne es zu wissen. Angesichts dieser Vielfalt ziehen einige den schnellen Schluss, dass es die Wahrheit nicht gibt. Aber derjenige, der die Wahrheit nicht mit den trügerischen Meinungen über sie verwechselt, hat gelernt, ihr einen Namen zu geben. Und dieser Name ist: Wirklichkeit.

Wer sie verstanden hat, verheddert sich nicht in den Fängen der Vielfalt, denn es gibt nur eine Wirklichkeit.

Verkünde es denjenigen, die Wahrsagern und Gauklern folgen oder sich der jüngsten, gemäß den aktuellen Bedürfnissen erfundenen oder den eigenen Gedanken entspringenden Religion zuwenden. Ruf ihnen laut zu, dass die Wahrheit gefunden und nicht erfunden werden muss. Die Wahrheit wohnt bereits in eurem Herzen. Und wenn ihr sie nicht seht, dann liegt das nur daran, dass ihr nach Westen schaut und aufgehört habt, durchlässig zu sein für das Licht.

Denn der wirkliche Sucher nach dem Wahren ist wie der Goldsucher, der ohne müde zu werden seine Wüste durchstreift, sich nicht von falschem

Glitzer täuschen lässt, sondern in sich die Reinheit des eigenen Herzens sucht.

Diesem Sucher wird die Wahrheit entgegenkommen. Weil er die größte Stärke besitzt: die bescheidene Gewissheit seiner absoluten Unfähigkeit, die absolute Wahrheit selbst zu finden.

Deshalb sucht er nicht in den Niederungen seiner Gedanken, sondern schaut nach oben und fragt. Er weiß in der Tat, dass nicht er die Wahrheit findet, sondern dass die Wahrheit ihn findet und erforscht, ob er ihrer würdig ist.

Seid also wie dieser Sucher nach der Wahrheit, der sein Herz reinigt, um zu sehen: Diese Reinheit wird in euch nur von der Liebe geschaffen, denn wenn ihr liebt, wird die Wahrheit zum Sonnenstrahl, der sämtliche Räume eures Verstandes erleuchtet.

Und wenn es hell genug ist und all eure Gedanken auf die Liebe gerichtet sind, dann wird die lebendige Wahrheit in euch den fünften Schritt eurer Erkenntnis vollzogen haben.«

DER ZEHNTE SONNENAUFGANG

# *Die Freiheit*

Nathan war wirklich erstaunt gewesen über das, was er am Tag zuvor von der Stimme über die Wahrheit gehört hatte. Vor allem darüber, dass er gehört hatte: »Du hast sie gefunden.« Er hatte immer gedacht, dass die Wahrheit etwas äußerst Komplexes, Undurchschaubares, Unerreichbares sei. Er hatte nicht gedacht, dass eine drastische Änderung seines Fühlens ausreichte, um mit ihr in Kontakt zu kommen, oder dass die Reinheit des Herzens ein Weg sein könnte, um sie kennenzulernen.

Nathan hatte es nie gefallen, große philosophische Gedankensysteme zu bauen. Er hatte es schon immer vorgezogen, sich ans Ufer des Meeres zu setzen und zuzuhören.

Bevor er auf seiner Flöte spielte, hörte er den Wellen zu, ihrem unermüdlichen Brechen, das voller Bedeutung war. Und dann spielte er das, was er gehörte hatte, mit seinen Tönen. Nicht das, was er mit den Ohren gehört hatte, sondern das, was er mit dem Herzen gehört hatte.

Allmählich war diese Art, den Dingen Respekt entgegenzubringen, Teil seiner selbst geworden. Sie war eins mit ihm. Er selbst. Und jetzt, da ihm die Einsicht geschenkt worden war, dass dies tatsächlich die beste Art war, das Gesicht der Wahrheit zu erkennen, fühlte Nathan sich glücklich. Er hatte die freudige Bestätigung erhalten, dass er in all den Jahren den richtigen Weg eingeschlagen hatte. Dass sein beharrliches Fortschreiten auf diesem Weg das einzig Richtige gewesen war, obwohl ihm die Seinen oft Unverständnis entgegenbrachten.

Mit einem Herzen voller Dankbarkeit streckte er die Hände in die Richtung der aufgehenden Sonne aus, empfing die ersten wärmenden Strahlen und atmete tief ein, als wollte er sie noch intensiver in sich aufnehmen.

»Ich brauche dich, Nathan.«

Nathan war überrascht. Er hatte seine Flöte noch nicht dem Wind entgegengehalten, und doch hatte er seine Stimme gehört: »Deine Flöte, Nathan, ist nichts anderes als dein Herz.«

»Aber immer dann, wenn ich sie ausgerichtet habe, fing sie an zu spielen!«

»Ja, aber auch wenn du nur dein Herz ausgerichtet hättest, hättest du mich hören können. Was zählt, Nathan, ist allein deine Bereitschaft.«

Nathan schwieg.

»Wenn du zu den Deinen gehst, berichte auch über diese Dinge. Fordere sie auf, diese Bereitschaft ihres Herzens wiederzufinden. Oft verlieren sie sie, weil sie nicht frei sind. Wenn sie die Wahrheit finden, werden sie die Freiheit wieder erlangen. Ich brauche dich, Nathan. Willst du mir helfen, meinen Ton bis zu ihnen zu tragen?«

»Ja, das will ich«, antwortete Nathan. »Was muss ich sagen?«

»Seid frei! Ihr werdet es sein, wenn ihr euren eigenen Kurs wählt. Aus Angst, in eure eigene Richtung zu gehen, seid ihr Sklaven jeder Unbill des Wetters, Opfer jedes Geschehens. Glaubt nicht, dass im Umherstreifen mehr Freiheit liegt als im Vorwärtsgehen.

Die Felsen, die sich festsetzen unter der Wasseroberfläche, über die ihr geht, zweifeln nicht daran.

Wettert bei den tausend Schiffbrüchen, die euer zielloses Umherfahren begleiten, nicht gegen das Schicksal: Seid nicht wie der Seefahrer, der den Wind verantwortlich macht für den Kurs seines Schiffes. Auch ihr würdet ihm sagen: ›Du weißt die Segel nicht zu setzen, du weißt dein Steuer nicht fest zu halten.‹ Werdet euch deshalb eurer Segel bewusst, nutzt euer Steuer.

Wenn ihr keine Gründe dafür findet, dann nur deshalb, weil niemand euch die Schönheit eures Ziels gezeigt hat. Dabei hättet ihr merken müssen, dass ihr vergeht, dass ihr verbrennt, ohne zu brennen, dass ihr alt werdet, ohne jemals Kind gewesen zu sein.

Ihr könntet dennoch innerhalb eines einzigen Tages eure reife Kindheit wiedererlangen, wenn ihr aufhören würdet, alles für so endgültig zu halten, und wenn ihr die Neuigkeiten des Windes verstehen würdet, der euren grauen Himmel wegfegt.

Jeder Teil des Meeres, dem ihr euren Rücken zuwendet, wird immer vor euch liegen. Ihr müsst nicht noch einmal geboren werden. Ihr werdet in diesem Leben tausendfach sämtliche nicht bestandenen Prüfungen wieder und wieder erleben. So lange, bis ihr euren großen Schatz euer Eigentum nennt. Noch habt ihr ihn nicht gefunden. Auch wenn ihr oft auf ihm sitzt und mit den wenigen Steinen spielt, die ihn bedecken, oder sie sogar auf jene werft, die in der Nähe stehen.

Aber ohne diesen Schatz schmeckt euer Leben nach nichts. Im Gegenteil, bald werdet ihr sehen, wie es sich in Langeweile, Verdruss, Angst und Verzweiflung verwandelt. Entdeckt deshalb den wahren Reichtum eurer Freiheit.

Seid frei! – Ihr werdet frei sein, indem ihr den sechsten Schritt eurer Erkenntnis geht: das Böse vom Guten trennen.

Ich weiß, ihr würdet gerne von mir hören, dass zwischen dem Bösen und dem Guten kein Unterschied besteht oder dass das Böse nur der längere Weg hin zum Guten ist. – Aber so ist es nicht. Denn der Wanderer, der seinen Fehler nicht erkennt, kehrt nicht um oder ändert seinen Weg. Ebenso wenig wie der Wanderer, der auf diesem Weg umkommt.

Ich weiß, ihr würdet gerne von mir hören, dass sich das Böse und das Gute ergänzen wie zwei Hälften einer Frucht. – Aber so ist es nicht.

Eine Frucht, deren eine Hälfte faulig ist, schneidet ihr entzwei und esst sie nicht ganz.

Ich weiß, ihr haltet das Böse oft für notwendig, damit das Gute bestehen kann. Aber das Gute trägt bereits alles Gegenteilige, das es braucht, in sich. So wie der Same gemacht ist für den Regen und für die Sonne. Mehr braucht der Same nicht, um zum Keim zu werden.

Das Böse jedoch zertritt diesen Keim unter den Füßen. Und wenn ihr glaubt, dass dies notwendig ist, um ihn bestehen zu lassen oder ihn zu verbessern, dann wird es mir nie gelingen, euch zu erklären, dass das Böse auf keinen Fall nötig ist und dass der Same sich dies in seinem Herzen nur wünschen kann, wenn er krank ist.

Wenn der Same in eurem Herzen aber nicht so krank ist und nicht das Verlangen verspürt, das Böse jeden Moment zu verteidigen, dann kann aus dem Bösen manches Mal euer Gutes erwachsen.

Aber lasst euch nicht verführen von dem Umherirrenden, der klüger zurückgekehrt ist: Hinter seinen Augen verbirgt er Tausende von Freunden, die nicht zurückgekommen sind. Und seine Tränen sind nur die letzten der vielen, die er schon geweint hat.

Und die Freude, die verlorengegangen ist? Auch sie fehlt viel zu oft bei euren Berechnungen. Und das, was er nicht gegeben hat? Und vergesst schließlich nicht, was er nicht gewesen ist.

Das Böse ist wirklich notwendig für eure Erkenntnis, aber in dem Sinne, dass ihr nicht erkennen werdet, wenn ihr es nicht vermeidet. Tief in eurem Herzen wisst ihr, was es ist, also hört auf, das Böse gut zu nennen.

Ihr wisst bereits, welche Früchte euch nicht bekommen, auch deshalb, weil ihr schon alle ausprobiert habt. Gut: Ihr habt die Erfahrung gewählt. Jetzt wählt ihr die Wahl der Erfahrungen. Jetzt macht ihr die Erfahrung der Wahl. Ihr macht die Erfahrung der Freiheit.

Seid frei! – Ihr habt eine gut gepflasterte Straße vor euch; es ist nicht mehr nötig, abseits von ihr zu laufen, mit nackten Füßen auf Dornen. Wenn ihr das oft getan habt, dann nur deshalb, weil ihr unter der Luftspiegelung des Vergessens eine Verzweigung gesehen habt, die nicht da war. Das Böse ist keine Straße, sondern die Illusion einer Straße, weil das Böse *scheint*, aber nicht *ist*.

Wenn ihr liebt, werdet ihr all diese Dinge erkennen, denn das Gute ist nicht euer Gefängnis, sondern das Erwachen eurer Liebe.

DER ELFTE SONNENAUFGANG

# *Die Vollkommenheit*

Nathan hatte lange über das tags zuvor Gehörte nachgedacht. Er hatte immer geglaubt, dass das Gute und das Böse persönliche und eigenmächtige Gegebenheiten waren. Dass jeder Einzelne die Grenzen je nach eigener Gewissenslage ziehen konnte. Jetzt hingegen lagen die Dinge ganz anders: Es war nicht das eigene Gewissen, das die Grenzen des Guten und des Bösen setzte, sondern das Gute und das Böse setzten die Grenzen des Gewissens.

Tatsächlich hatte Nathan viele unter den Seinen kennengelernt, die Dinge mit sehr negativen Folgen getan hatten, indem sie nur nach ihrem Gewissen handelten. Anfangs hatte er sie verurteilt, weil er dachte, sie hätten in böser Absicht gehandelt und dabei auch gegen das eigene Gewissen verstoßen. Als er aber ihre Gründe begriff, hatte er aufgehört, sie zu verurteilen. Die Schäden, die sich aus ihrem falschen Handeln ergaben, blieben jedoch bestehen.

Das hatte Nathan auf den Gedanken gebracht, dass das Gewissen nicht unfehlbar sei, dass auch es in gewisser Weise erleuchtet werden müsste. Aber womit?

Nathan beobachtete das Meer, aber es gelang ihm nicht, den Horizont zu erkennen, denn es war noch Nacht. So sehr er seine Augen auch anstrengte, er konnte die Grenze zwischen Meer und Himmel nicht ausmachen. Er würde sich noch ein wenig gedulden müssen, bis die Sonne ihren Schimmer schickte.

Während er wartete, beschäftigte Nathan der Gedanke an das, was er vor zwei Tagen über die Wahrheit gehört hatte. Und plötzlich begriff er, dass sie das Licht war, das der Mensch brauchte. Aber welche Wahrheit? Sicher nicht die, die sich der Mensch nach seinen eigenen Wünschen gestaltete. Dies hatte die Stimme im Wind ausgeschlossen.

Nathan wurde erst jetzt bewusst, dass das, was er über die Wahrheit, über ihre Einzigartigkeit gehört hatte, die subjektive Lage des Menschen tiefgreifend verändern konnte. »Jeder kann eine andere Seite des Wahren ergreifen«, dachte er. »Aber das Gesicht der Wahrheit vereint alle diese Seiten. Und dieses Gesicht befindet sich am Grunde unseres Herzens. Um es zu entdecken, müssen wir Tag für Tag in uns selbst graben, unseren Stolz beiseitelassen, unsere Überheblichkeit, alle Antworten, und unsere Wahrnehmung mit dem aufrichtigen Wissen und der Wahl des Guten reinigen.«

Nathan bemerkt am Horizont ein bereits sehr helles Licht und hob instinktiv seine Flöte. Sofort erinnerte er sich jedoch daran, was am Vortag geschehen war. Und an noch etwas erinnerte er sich, das ihn verwundert hatte: Die Flöte war gar nicht nötig. Er selbst war das Instrument des Windes.

Nathan war ziemlich glücklich über diesen Gedanken, denn jetzt erkannte er einen Sinn in sich selbst, jetzt begriff er endlich den Grund seiner Existenz. Jetzt hatten alle noch so kleinen oder noch so traurigen Ereignisse der Vergangenheit eine Bedeutung.

Nathans Gedanken schweiften zu den Seinen, zu allen Menschen, und er sah jeden als ein unterschiedliches Musikinstrument, jedes mit seiner eigenen Tonart und seinem eigenen Klang.

Wer weiß, was geschehen wäre, hätten sie alle zusammen mit demselben Windhauch gespielt. Wenn sich mit den Tönen seiner Flöte die Saiten des einen oder anderen Instruments verflochten hätten, vom Wind in schwingenden Klang versetzt. Einheit der Musik, Vielfalt der Antworten.

Nathan betrachtete die aufgehende Sonne; für einen Augenblick hatte er den Eindruck, ein Riese würde sein Haupt erheben.

»Wer weiß, was ich heute lernen werde. Wann werde ich aufhören, neue Dinge zu lernen?« Nathan begriff, dass er niemals aufhören würde. Auch wenn dies der vorletzte Sonnenaufgang war, tief in sich war er sicher, dass sein Weg gerade erst begonnen hatte.

»Nathan!« – Nathan streckte sein Herz dem Wind entgegen. Er hatte schon immer geahnt, dass die Stimme in Wirklichkeit in ihm klang. Er hob seinen Willen an und richtete ihn so aus, wie er es mit der Flöte getan hatte.

»Heb ihn ein wenig an und du wirst ihn um vieles anheben. Nimm ihn ein wenig herunter und du wirst ihn um vieles herunternehmen.«

Nathan verstand nicht. Was sollte das heißen: »Heb ihn ein wenig an und du wirst ihn um vieles anheben. Nimm ihn ein wenig herunter und du wirst ihn um vieles herunternehmen«?

»Streck deine Hand nach dem Wind aus, Nathan.« Nathan streckte seine Hand nach dem Wind aus, der aber blies sehr stark, und er hatte Mühe, seine Hand ruhig zu halten.

»Jetzt versuch, sie gerade zu halten.« Nathan versuchte es, aber sobald die Hand auch nur einen Millimeter nach unten ging, ließ sie der Wind mitsamt dem ganzen Arm nach unten fallen. Sobald die Hand aber auch nur einen Millimeter nach oben ging, verlieh ihr der Wind Flügel, und so flog auch der Arm nach oben.

»Dein Wille ist wie diese Hand, Nathan. Heb ihn ein wenig an und du wirst ihn um vieles anheben. Nimm ihn ein wenig herunter und du wirst ihn um vieles herunternehmen. Dein ist die Wahl, mein das Ergebnis. Jeden Tag deines Lebens wirst du wählen können, ob du dich mit dem Wind erheben oder nach unten fallen möchtest.

Jede Stunde, jede Minute kannst du alles, was du zuvor getan hast, ändern; in einem Augenblick kannst du alle zuvor getroffenen Entscheidungen auf den Kopf stellen. Sei deshalb sehr bedacht, denn es gibt keine auf das erste Mal gewonnenen Schlachten. Du wirst tausend Mal nach deiner Richtung gefragt werden, damit, wenn du nicht mehr gefragt wirst, sie immer so bleiben kann, wie du sie einmal gewählt hast.

Hast du verstanden, was ich dir gesagt habe, Nathan? Denn auch dies sollst du an die Deinen weitergeben.«

»Ich habe verstanden«, antwortete Nathan. »Aber ich fürchte, nur wenige wollen die Erkenntnis erreichen, mit all den Gaben, die sie im Herzen haben.«

»Auch wenn nur einer zur Vollkommenheit gelangen würde, hätte das Universum seinen Zweck erfüllt.«

»Aber was ist die Vollkommenheit?«

»Die Vollkommenheit ist nichts Unerreichbares oder etwas für ganz Wenige, sondern sie ist der siebte Schritt, der auf euch alle wartet.

Oft gelingt es euch nicht, den Weg eurer inneren Vollkommenheit zu finden, weil ihr sie nicht versteht. Und ihr versteht sie nicht, weil es zu leicht für euch ist. Also verheddert ihr euch im Dunkeln, um den Schlüssel zu eurer Tür zu suchen, der doch schon in eurer Hand liegt.

Viele schürfen sich Hände und Fingernägel ab, um innere Berge zu bezwingen, und auf der Spitze angekommen, finden sie dort nicht die erwartete Vollkommenheit. Oft fallen sie geradewegs auf der anderen Seite wieder herunter. Aber die Vollkommenheit befindet sich nicht auf der Spitze eines Berges, sodass ihr sagen könntet: ›Wenn ich aufsteige, werde ich sie erreichen.‹

Fürchtet deshalb die Meisterhaftigkeit und die Mühen der Gedanken, denn die Vollkommenheit ist weder Perfektionismus noch ist sie euer Geschöpf: Sie durchdringt euch, aber ihr erschafft sie nicht.

Legt ruhig Hände und Fingernägel auf die Steine, aber um sie von eurem Herzen zu nehmen, so viele wie es braucht, um in euch Platz zu schaffen für die Liebe. Und wenn ihr diese Aufgabe übernehmt, erschreckt nicht, denn der Wind wird euch helfen: die Vollkommenheit ist tatsächlich nichts anderes als eine Brise, die aus Osten heranweht. Manches Mal hat sie eure Schläfen berührt und ihr habt sie nicht begrüßt.

Kleinigkeiten lenken euch für Jahre ab. Und es dauert Jahre, bis ihr begreift, dass es nur Kleinigkeiten sind. Es dauert Jahre, bis ihr versteht, dass euer Herz dies nicht gesucht hat.

Ja, so wird die Vollkommenheit zu einer großen Aufgabe. Sie wird es, weil es euch nicht gelingt, eure kümmerlichen Vorwände loszulassen, und ihr immer einen Halt sucht, der euch schwächt und schließlich vergeht. Das aber passiert, weil ihr euch nicht hingeben könnt. Oder weil ihr Hingabe mit Dahintreiben verwechselt.

Beim ersten folgt man dem Fluss des Lebens und man muss das eigene Ruder gut festhalten. Beim zweiten richtet man sich nach den eigenen Neigungen, und das Ruder ist sich selbst überlassen, als hättet ihr euch ergeben, als würdet ihr passiv erdulden, dass die Dinge euer Leben gestalten und nicht ihr die Dinge lebt.

Wenn es nach euch ginge, würdet ihr niemals Vollkommenheit erlangen, weil ihr euch nicht genügend liebt und euch das Glück, aus der die Vollkommenheit gemacht ist, nicht schenken wollt.

Dreht euch um und schaut ihr in die Augen. Fragt euch nicht, wie lange es dauert, Vollkommenheit zu erlangen, denn wenn ihr euch wirklich umdreht und ihr in die Augen schaut, wird es weniger Zeit in Anspruch nehmen als ein Samen zum Keimen braucht, eine Blume zum Knospen. Wenn ihr wüsstet, wie nahe sie ist, würdet ihr vor Freude lachen. Werft also euren Ballast über Bord und ihr werdet mit Staunen feststellen, dass ihr ohne Last seid. Dabei wird es nichts Geheimes geben, nichts Magisches, alles Außergewöhnliche wird nur euer natürlicher Zustand sein, in den ihr euch zurückbegeben habt.

Aber gebt Acht, denn die Vollkommenheit verliert man in diesem Leben in einem Augenblick. Wer sagt euch denn, dass nicht tausend Tage nötig sind, um sie wiederzufinden, wenn ihr euch ihren Augen einmal entzogen habt?

Und wenn ihr fallt, sagt nicht: Ich warte auf den richtigen Wind, um Fahrt aufzunehmen, sondern nehmt Fahrt auf, und ihr werdet den richtigen Wind finden. Findet die Hoffnung wieder und löscht aus eurem Herzen jegliche Angst vor dem Fallen, ohne jedoch zu vergessen, dass ihr völlig unfähig seid, zu fliegen. Habt Vertrauen, denn ihr setzt das Vertrauen nicht in euch. Die Vollkommenheit ist tatsächlich bereits erreicht. Lasst euch nun von der Vollkommenheit erreichen.«

# *Gott*

Nathan wusste, dass dies der letzte Tag war, an dem der Wind zu ihm sprechen würde: »Und nachdem ich an zwölf Tagen zu dir gesprochen habe und du die sieben Schritte zur Vollkommenheit kennst, wirst du zu den Deinen gehen und spielen«, hatte die Stimme gesagt. Aber auch wenn Nathan sie nicht mehr gehört hätte, so hatte er doch viele Dinge gelernt, über die zu meditieren der Rest seines Lebens nicht ausgereicht hätte.

Jetzt sah er die Zeit als etwas sehr Wertvolles an, wie ein kostbares Gut, das nicht vergeudet werden durfte, weil jeder Tropfen davon ihm neue Erkenntnis hervorbringen konnte, seinen Geist neu erhellen konnte, sein Herz erweitern konnte für neue Freuden. Vor allem sah er jetzt auch die Wichtigkeit noch so kleiner alltäglicher Entscheidungen: Gelegenheiten, seinen Willen anzuheben oder herunterzunehmen, so wie es der Wind mit seiner Hand getan hatte.

Nathan begriff, dass er es sich niemals mehr erlauben konnte, bei Entscheidungen neutral zu bleiben. In Wirklichkeit gab es diese Neutralität nämlich gar nicht, so wie es ihm nicht möglich gewesen war, seine Hand ruhig zu halten unter dem Druck des Windes, der sie nach oben hob oder nach unten zog.

Die Stimme hatte gesagt, dass jeder Augenblick des Lebens sehr viel zählte, weil der Mensch in jedem Augenblick mit seinem Willen sein Schicksal ändern könne. Und Nathan war jetzt fest entschlossen, sich für die Vollkommenheit, von der die Stimme gesprochen hatte, zu entscheiden.

Nathan hatte sich nie als jemand gesehen, der nach etwas strebte: Erst jetzt wurde er sich bewusst, dass er sich von einer statischen Sicht auf das Leben befreit hatte, die ihn über Jahre hatte denken lassen, nichts könne sich wirklich ändern und alles müsse sich wiederholen. Die Entdeckung des Lebens als eine dynamische Wirklichkeit, als eine fortschreitende innere Entwicklung, bewegte ihn sehr.

»Was wird passieren, wenn ich meinen Willen immer nach oben halte?«, fragte er sich. »Welche Höhen werden meine Gefühle dann erreichen?«

Während er dies dachte, durchrieselte ihn ein wohliger Schauer und er hatte fast ein Gefühl der Allmacht. Sofort gab er diesen Gedanken jedoch auf, weil er sich an einen Satz erinnerte, den er gehört hatte: »Erhebt euch in eure Höhen, auch wenn es nicht eure sind.«

Er versuchte deshalb, sich tief ins Herz zu schreiben, dass keine dieser möglichen Höhen die seine wäre, von ihm geschaffen, sondern dass ihm alles geschenkt war und er nur die »völlige Unfähigkeit, zu fliegen« besaß. Er fühlte, wenn er diese Lektion nicht perfekt lernte und sie nicht in seinen Stolz einbrannte, könnte ihm der Wind ganz plötzlich die Luft aus den Flügeln nehmen, in einem Moment, in dem er es am wenigsten erwartete. Dann würde er aus den daraus folgenden schmerzlichen Abstürzen lernen müssen. Der Wille war also nötig, aber er reichte nicht aus.

Er durfte die Vollkommenheit nicht als etwas sehen, das er nur mit seinen Händen, nur mit seinen Fähigkeiten erschaffen konnte. Die letzten Sätze, die er am Tag zuvor gehört hatte, waren ihm noch lebhaft in Erinnerung: »Die Vollkommenheit ist tatsächlich bereits erreicht. Lasst euch nun von der Vollkommenheit erreichen.«

Nathan hatte den Sinn dieser Sätze noch nicht ganz begriffen, aber er wusste, es musste etwas sehr Wichtiges sein, und deshalb schloss er sie ganz fest in sein Herz, um besser darüber nachdenken zu können.

Nathan setzte sich bei den ersten Strahlen des Sonnenaufgangs ans Meeresufer. Er holte tief Luft und versuchte, das ganze ihn umgebende Universum in sich aufzunehmen.

Er spannte alle seine Sinne an und richtete seine Aufmerksamkeit auf die Dinge. Er hörte den Gesang der Meeresvögel: Bis jetzt war dieser Gesang für ihn einfach nur eine Aneinanderreihung von Tönen gewesen. Jetzt schien er ihm ganz anders, jetzt war er wie eine Sprache, die er verstand. Und er war glücklich darüber.

Auch sein Geruchssinn übermittelte ihm Botschaften. Es war ihm, als ob er den Duft ferner

Blumen vernahm, und auch diesen empfand er als Sprache. Seine Sinne konzentrierten sich auf Dinge, die ihm zuvor entgangen waren; die Natur erschien ihm als eine einzige Harmonie, in der jeder mit jedem im Gespräch war.

Nathan empfand großen Respekt davor und er fragte sich, warum er bis zu diesem Moment nicht an diesem Gespräch teilgenommen hatte, aus welchem nicht ersichtlichen Grund er davon ausgeschlossen gewesen war.

Oft hatte er das, was seine Augen sahen, bewundert; jetzt aber erschien es ihm wie ein Frevel, sich nicht dazugehörig gefühlt zu haben. Jetzt, da er in sich hineinhörte und deshalb allmählich gelernt hatte, draußen zuzuhören, verstand er nicht nur mehr, sondern interpretierte das Gehörte auch. Er konnte das, weil er jetzt die Schlüssel dazu besaß.

Für einen Augenblick sah Nathan all die Anstrengungen jener Denker, die sich lange Zeit gefragt hatten, was Wissen sei und wie es funktioniere, und er erkannte, wie wenig die reine Beobachtung der Wahrnehmung genutzt hatte, ohne das Geschenk jener inneren Schlüssel, die es erlaubten, die großen Mengen an Informationen und Nachrichten in den Dingen aufzuschließen.

»Ihr seht das Wissen als ein Zimmer in eurem Verstand, das man mit großen und kleinen Dingen füllen kann«, hatte die Stimme gesagt, »während es in Wirklichkeit eine Pflanze ist, die in euch keimt und zum Baum heranwächst.«

Nathan begriff, dass jeder Satz, den er beim Sonnenaufgang gehört hatte, erst noch verstanden werden musste und dass er, je mehr er wachsen würde, desto mehr verstehen würde. Und dieses Geschenk gehörte nicht nur ihm allein: Würde es ihm gelingen, die Seinen an dieser Musik teilhaben zu lassen?

Er fand, dass viele von ihnen wie Musiker waren, die nicht nur immer dieselbe Melodie spielten, sondern die auch alle gleich spielten.

Nathan wurde traurig, wenn er sich vorstellte, wie viele und welche wunderbaren Melodien er von den Seinen hören könnte und welch monotonen Töne er von ihnen immer gehört hatte. Eine Monotonie, an die er sich so sehr gewöhnt hatte, dass er manches Mal glaubte, sie sei ein ganz natürlicher Zustand. Nur einige von ihnen, zumeist Dichter, stimmten etwas andere Melodien an, in die sie sich dann aber vertieften und so die Poesie in einen Ersatz für die Spiritualität verwandelten.

Auch die schönsten Wahrnehmungen drohten sich in puren Narzissmus zu verwandeln, wenn sie sich nicht weiterentwickelten.

»Warum flüchtet das Ich immer vor der Wahrheit?«, fragte sich Nathan. »Warum mag es nicht in sich hineinschauen? Vor welchen Entdeckungen fürchtet es sich? Hat es etwa Angst davor, seine innere Leere zu sehen? Hat es vielleicht Angst festzustellen, dass Gott in ihm nicht anwesend ist? Rennt es vielleicht deshalb ängstlich in alle Richtungen, stets darauf bedacht, nicht stehen zu bleiben?«

Nathan hatte noch niemals diese Art von Gedanken gehabt. Nur der Wind hatte ihm gezeigt, dass es sehr wohl andere Töne in den Herzen der Menschen gab, die man auf eine Weise zum Klingen bringen konnte, wie er sie sich niemals hätte vorstellen können; bis ihm die Sonne ihren unnachahmlichen Lichthauch geschenkt hatte.

»An was denkst du, Nathan?«
»Ich denke daran, dass viele nichts verstehen werden«, antwortete er und hob seinen Blick zum Wind, der zu wehen begann. »Wenn jemand etwas versteht, dann deshalb, weil er bereits danach

lebt.« – »Hat dich das etwa umgetrieben als du dich unter die Deinen begeben hast und die Flöte spieltest?«

»Am Anfang genügte mir die Schönheit; jetzt wünsche ich mir die Wahrheit.« – »Gibt es da etwa einen Unterschied, Nathan?«

»Wenn sie von hundert Sachen, die ich erzähle, nur eine verstehen, wozu war es dann gut, sie alle zu lernen?« – »Auch wenn sie gar nichts verstehen, ist es doch deine Aufgabe, für sie zu spielen. Ob sie dir zuhören oder nicht, deine Aufgabe wird so oder so erfüllt werden.«

»Das wird mir niemals genügen.« – »Bist du von dem, was du gehört hast, noch nicht satt geworden?«

»Der Brocken ist zu groß, die Meinen können ihn nicht auf einmal hinunterschlucken.« – »Du wirst den Brocken für sie zerkleinern.«

»Aber ich habe auch nicht mehr als sie, was mir ermöglichen würde, dies zu tun. Ich bin nicht besser oder schlechter als sie. Und ich kann nichts außer Flöte spielen.«

»Was möchtest du also noch wissen, bevor dieser letzte Sonnenaufgang zu Ende geht?«

»Ich möchte Gott kennenlernen.«

»Der Brocken, den du von mir verlangst, ist noch größer, Nathan. Und ich kann ihn dir nicht geben.«

»Aber das brauchen sie am allermeisten. Sie haben keinen Appetit auf etwas, das nicht nach Absolutem schmeckt, und sie praktizieren das Gute nicht, wenn es nicht unendlich ist.«

»Du weißt nicht, was du von mir verlangst, Nathan. Du hast die sieben Schritte deiner Erkenntnis erfahren; wenn du diese Schritte gehst, kannst du deinen ganzen Weg gehen und bis zur Schwelle deines Geheimnisses gelangen. Aber solange deine Zeit währt, kannst du sie nicht überschreiten. Du kennst die sieben Schlüssel, um hier unten alle Türen zu öffnen: Es waren die sieben Töne, die deiner Flöte fehlten. Was du aber jetzt von mir verlangst, gehört zu einer höheren Oktave, und dein Herz wird niemals im Stande sein, diese Oktave zu vernehmen.«

»Dann lass mein Herz den achten Schritt gehen, sodass es mit diesem neuen Schlüssel auch die Musik dieses Wissens vernehmen kann.«

»Ich kann dir das, was hinter dem Schleier liegt, nicht geben, Nathan. Keiner darf wissen, woher der Wind weht. Und wenn dir sämtliche Wünsche erfüllt würden: die Flöte deines Herzens würde zerbrechen.«

»Was für ein Gott wäre das denn, der eine arme krumme Flöte aus Schilfrohr zerbrechen ließe?«

»Nathan, du fragst all diese Dinge für die Deinen, aber ich habe sie nicht ohne Musik zurückgelassen. Und wenn sie ab und zu mit ihren Händen ihre Ohren verschließen, statt die Öffnungen ihrer Flöten, so ist es ihre Entscheidung.«

»Sie leben nicht ohne Musik; wenn sie aber noch ein bisschen länger wie Weinschläuche ohne Öffnungen verharren, wird die Musik ohne Kinder sein.«

»Nathan, auch Weinschläuche ohne Öffnungen können sich jeden Moment in Resonanzkörper verwandeln, wenn sie nur die Töne des Windes vernehmen.«

»Wie können sie diese denn vernehmen mit dem Wissen, dass das launische Kind in ihnen das ihnen geschenkte Instrument zerbrochen hat? Auch wenn sie dies nicht zeigen, ist es doch ihr größter Schmerz.«

»Auch wenn sie sich von ihrem Baum gelöst haben wie lebensmüde Blätter, so kann der Wind sich über sie beugen und sie mit seinem Hauch emporheben, wenn sie das wirklich wünschen.«

»Aber ein vertrocknetes Blatt hat diesen Wunsch gar nicht mehr. Den einzigen Windhauch, den es sich wünscht, ist ein Luftzug, der in ihm die Illusion von Bewegung weckt.«

»Auch ein solcher Luftzug wird früher oder später Töne von sich geben, Nathan. Und auch wenn sie für sich die Dornen wählen, werden die Schmerzen sie das Wissen lehren und sie werden wieder aufstehen.«

»Die Schmerzen erniedrigen uns nur dazu, unsere Wunden zu zählen. Wenn wir leiden, sind wir nur noch verloren, und wir finden nirgends die Kraft, die es uns erlauben würde, Düne für Düne unsere Wüste zu durchqueren. Wir sehen nur eine unendliche Weite, aus der wir keinen Ausweg finden.«

»Diese unendliche Weite entsteht nur in eurem Geist: Ihr werdet geblendet durch das Vergessen, dass euch im Nebel ohne Wind lähmt.«

»Deshalb bitte ich dich um die Sonne.«

»Nathan, wenn du wüsstest, um was du mich bittest, würdest du mich anflehen, es nicht sehen zu müssen, solange du dich auf dem Weg befindest, so wie die Nachtfalter tief in ihrem Herzen beten, keiner möge auf ihrem Weg ein so anziehendes Licht entzünden, dass sie die ganze Nacht nur noch orientierungslos und irr herumflattern.«

»Ich kann nicht warten, bis es Tag wird, warten, bis mein Weg zu Ende ist. Ich ertrage es nicht, dass die Meinen so lange Gefangene ihrer selbst bleiben. Jetzt, da du meinen Durst gestillt hast, ist mein Durst unermesslich groß geworden.«

»Aber wenn auch nur ein Strahl dieser Sonne dich treffen würde, Nathan, hättest du keinen Frieden mehr.«

»Gerade jetzt, da ich für mich den Frieden gefunden habe, gibt es keinen Frieden mehr nur für mich allein.«

»So sehr liebst du sie, Nathan?«

»Ich bin nur ein Flötenspieler, der es leid ist, allein am Ufer des Meeres zu spielen.«

»Fühlst du dich für alle erdenklichen Schlachten bereit, damit andere Instrumente in das Lied des Windes mit einstimmen können?«

»Wenn es von mir abhängen würde, ich wäre noch nicht so weit, aber du hast mich mein ganzes Rüstzeug gelehrt.«

»Ja, du wirst deine Schlacht schlagen können; sie aber müssen ihre Schlachten selbst schlagen. Denn wenn sie nichts für sich tun, so wird kein anderer etwas für sie tun können. So ist es vorgesehen.«

»Das ist das Gesetz der Freiheit. Welches aber das Gesetz der Liebe?«

»Nathan, wer hat dir all diese Antworten gegeben?«

»Du selbst hast am ersten Tag gesagt, du würdest mir alles, was ich zu sagen habe, in den Mund legen.«

»Aber um Zugang zum Wissen Gottes zu haben, genügt die Weisheit nicht. Du solltest auch deinen Geist noch kleiner machen, als der eines Kindes ist, damit er durch eine ganz schmale Türöffnung passt, durch ein Nadelöhr. Meinst du, du könntest das?«

»Was ich nicht kann, kann Gott.«

»Aber wärst du bereit, dich in dein Herz zu versenken und kein Ende zu sehen?«

»Wenn ich das Ende sehen könnte, würde das heißen, ich habe meiner Liebe Grenzen gesetzt.«

»Wenn aber der Sonnenstrahl, den du erbittest, all das Böse in dir erscheinen lässt, hättest du nicht genug Tränen, um dich von der Schuld reinzuwaschen.«

»Wenn er wirklich in mich dringen würde, würde ich all das Böse in mir sehen, und ich hätte nicht genug Tränen, um mich von der Schuld reinzuwaschen, aber ich würde auch übergroß all das Gute in mir sehen, weil ich wiedervereint wäre mit dem Fels, von dem ich abgesprengt wurde, wieder vereint mit der Höhle, aus der ich herausgeholt wurde.«

»Nathan, nur wenn es dir gelänge, rein wie ein Tropfen Quellwasser zu werden, könntest du dich in den Ozean versenken, von dem du mir erzählst, und dich mit allen anderen Tropfen zu einem Ganzen vereinigen. Diese Gabe besitzt du nicht. Aber auch wenn dir diese Fähigkeit geschenkt würde, könntest du noch einen klaren Kopf bewahren angesichts der Unendlichkeit deiner Gedanken?«

»Falls mir diese Fähigkeit tatsächlich geschenkt würde, so würde auch jede Flugbahn meiner Liebe zur Unendlichkeit streben. Da du mir erzählt hast, dass jede Erleuchtung des Geistes durchs Herz geht, würde mein Herz dafür sorgen, dass sich meine vielen Gedanken im Gleichgewicht halten, weil die Liebe alles Getrennte vereint.«

»Wenn du aber erst die wahre Stadt deiner Herkunft kennst, Nathan, könntest du wie ein Fremder in der Welt leben? Wärst du bereit, von niemandem mehr erkannt zu werden, wie ein Stück des Himmels, das auf die Erde gefallen ist und von allen Generationen mit Füßen getreten wird?«

»Bin ich nicht schon ein Fremder, wenn ich meine Flöte spiele und keiner mir zuhört? Und wenn das noch lange so anhielte, würde auch ich schließlich ihr misstöniges Lied singen. Ich würde sogar unter ihnen zu einem Splitter aus der Hölle werden. Und dann wäre ich gefährlicher als sie.«

»Nathan, die Töne, um die du mich bittest, kannst du nicht hören: Damit du sie auch nur zum Teil hören kannst, müsste ich deine Erscheinungsform ändern, sozusagen einen verdorrten Zweig zum Leben erwecken: Bist du sicher, all das mit deiner zerbrechlichen Natur auszuhalten?«

»Auch wenn es mich zerreißen würde, so gibt es doch nichts anderes, für das sich dieses Opfer lohnen würde.«

»Aber bevor dieser Sonnenstrahl dich treffen würde, würdest du aufgeben, denn der Wind würde so stark blasen, dass du ihm nicht standhalten könntest. Du bräuchtest unendliche Kraft, Demut, Ausdauer. Es wäre für dich ziemlich schwierig, durchzuhalten, denn wenn der Wind des Geistes bläst, so bläst er drei Mal, und jedes Mal noch stärker als zuvor.«

»Ich werde nicht aufgeben«, sagte Nathan.
»Aber auch wenn du nicht aufgeben würdest und dreimal widerstehen würdest, der Wind des Geistes würde ein viertes Mal wehen und beim vierten Mal wirst du nicht widerstehen und aufgeben.«

»Und was wird passieren, wenn ich aufgegeben habe?«

»Du wirst sterben, Nathan.«

»Dann möchte ich dafür sterben.«

»Nein, Nathan. All das ist keine Nahrung für dich. Jetzt lass mich hinter den Schleier zurückgehen. Die Sonne verlässt den Horizont: Dies ist der letzte Sonnenaufgang, dann werde ich nicht mehr durch den Wind zu dir sprechen. Dir muss genügen, was ich dir gesagt habe.«

Als Nathan diese Worte hörte, durchzuckte ihn plötzlich ein Gefühl der Angst. Mit Tränen in den Augen schaute er zum Horizont, der gerade noch den letzten goldenen Punkt der Sonne verbarg, und er schrie aus voller Kehle:

»Du hast gesprochen und jetzt gehst du? Warum willst du nicht bei uns bleiben? Was soll das heißen: Dir muss genügen, was ich gesagt habe? Was nutzen all die schönen Worte, wenn es niemandem gelingt, dir zu folgen?

Hast du nicht gesagt, wir haben unser Herz verloren? Weißt du nicht, dass wir schon bald alles vergessen haben werden? Weißt du nicht, dass wir schon morgen das Buch, das uns deine Worte geschenkt haben, wieder schließen werden? Ist es dir gleichgültig, wenn wir umkommen? Siehst du nicht, dass wir leiden, auch wenn wir vorgeben, uns zu freuen?

Wir werden uns nicht ändern, wenn du nicht unsere Ecken rundest, das Kalte in uns wärmst, uns wieder aufrichtest! Was bedeutet das: All dies ist keine Nahrung für dich?

Sind wir vielleicht Hunde und keine Kinder des Windes? Aber auch Hunde ernähren sich von dem, was der Tisch ihres Herrn abwirft!«

Ganz plötzlich beruhigte sich der Wind. Nathan bemerkte eine große Stille um sich herum; selbst das Rauschen der Wellen hielt inne. Einen Augenblick lang bereute er seine harten Worte. Er betrachtete die Sonne und hatte den Eindruck, sie unterbräche ihren Lauf zum Himmel hin, die Zeit stünde still.

Da vernahm er die Stimme wieder:

»Hier ist dein Gott, Nathan.«

In diesem Moment bemerkte Nathan ein lautes Getöse, das alles andere übertönte; es war wie ein ständiges Donnergrollen, das immer näher kam. Nathan wurde von großer Angst erfasst. »Was ist das?«, fragte er sich. Schon bald wurde das Getöse so laut, dass die Felsen ringsum einstürzten. Je mehr der Wind zunahm, desto lauter wurde dieses Grollen.

Bald war der Wind um Nathan so stark, dass er sich kaum noch auf den Beinen halten konnte. Es schien, als würde alles fortgetragen. Nathan musste sein Gesicht mit den Händen bedecken, aber der Wind wurde so stark, dass selbst seine Kleider zerrissen. »Ich werde nicht standhalten können«, dachte Nathan.

Der Wind wirbelte nur so umher und drang in seine Kehle, in seine Ohren. Nathan schrie, aber konnte sein eigenes Wort nicht verstehen. Der Wind, der die Felsen auseinanderriss, wurde immer stärker, und während er sich auch in Nathan breit machte, hatte dieser das Gefühl, auch seine ganze innere Sicherheit würde zerrissen.

Nathan wollte gerade aufgeben, als ihn eine plötzliche Wut ergriff und er den Himmel aus voller Kehle anschrie: »Ich werde nicht aufgeben!«

Nach wenigen Augenblicken ließ der Wind nach und es trat wieder Stille ein.

Langsam nahm Nathan die Hände von seinen Augen: Er begriff, dass der erste Ansturm des Windes vorüber war, und stellte erstaunt fest, dass es ihm gelungen war, in sich Kraft zu finden. Er blickte zum Horizont: Die Sonne schien noch immer an derselben Stelle zu stehen.

Nathan fragte sich, wie er dem nächsten Ansturm des Windes standhalten sollte. »Jedes Mal bläst er stärker als zuvor«, hatte die Stimme gesagt.

Ganz plötzlich traf ihn der Wind mit aller Macht von vorne. Er blies so stark, dass alles wie bei einem Erdbeben schwankte. Einen Augenblick lang glaubte Nathan, auch er würde weggerissen wie die Felsen, die erzitterten und durcheinander rollten. Der Wind wurde immer stärker, und Nathan fühlte sich von ihm überrannt.

Er fühlte ihn in sich eindringen, in seine Gedärme, in seine Knochen. Er fühlte, wie dieses Erdbeben von ihm Besitz ergriff, ganz so, als wollte es auch seinen Stolz zerbrechen. Unter diesem gewaltigen Sturm begannen seine Kräfte zu schwinden. »Ich schaffe es nicht, an meinem Platz zu bleiben«, dachte er. Aber im selben Augenblick erinnerte er sich an einen Satz, den die Stimme gesagt hatte: »Du bräuchtest unendliche Kraft, Demut, Ausdauer.«

Wenn er sich beim ersten Ansturm nicht ergeben hatte, weil er in sich Kraft gefunden hatte, könnte er jetzt auf die Hilfe der Demut zählen. Nathan kniete sich also nieder und konnte so dem Wind widerstehen. »Du kannst mich nicht hinwegfegen«, sagte er, »weil ich nichts bin«.

Das Getöse ließ nach, und Nathan betrachtete erneut die Sonne, die still am Horizont stand. Er hatte aber keine Zeit, sich zu freuen, denn diese Sonne erschien plötzlich glühend rot, und als der Wind zum dritten Mal anhob, merkte Nathan, dass es ein heißer, feuriger Wind war. Er schien die ganze Wärme der Sonne auf seiner Haut zu tragen.

Der Wind nahm rasch an Stärke zu, und Nathan fühlte sich von einem weißen Feuer durchdrungen, das immer tiefer in ihn eindrang, bis es seine Seele erreicht hatte. Diese Hitze reinigte alles, was ihr in den Weg kam, Nathan aber fühlte ein Brennen wie von heißer Kohle.

Der glühende Wind ließ nicht nach, und Nathan hatte das Gefühl, sein Innerstes würde auseinandergenommen, wie wenn ganze Sandberge von seinem Herzen weggefegt würden. Er war überrascht von der Größe dieser Wüste, die er nie in Betracht gezogen hatte. Er hatte nie gedacht, dass sich sein Leben in einer solchen Tiefe begraben abspielte.

Und als dieser Wind in seinem Inneren die letzten Sandschichten von seinem Herzen fegte, wurde Nathan seiner Nacktheit gewahr. Er fühlte sich nackt unter dem Auge der Sonne, und er fühlte sich durchschaut.

Auf einmal fiel es Nathan wie Schuppen von den Augen, und in seinem Inneren erkannte er die geheimnisvollen Zeichen seiner Zugehörigkeit, die hell glänzten, nachdem der Wind über diese Wüste hinweggefegt war und sie freigelegt hatte.

Nathan hätte sie gerne lange betrachtet, um ihre nicht endende Sprache zu verstehen, aber er fühlte sich brennen, weil dieser glühende Wind immer stärker wurde. Er wurde stärker und stärker, bis Nathan meinte, an dieser stillstehenden Sonne dort am Horizont festgenagelt zu sein. Dann stand auch für ihn die Zeit still, und Nathan bewegte sich eine Ewigkeit nicht, durchbohrt von dieser Feuersonne.

Tief in sich wusste Nathan, wenn er sich willentlich auch nur für einen Augenblick in die andere Richtung drehte, würde er dieser Situation entkommen. Aber er war entschlossen, mit seiner Ausdauer zu gewinnen. Er hatte die Rechnung aber ohne diesen endlosen Stillstand der Zeit gemacht, und sein Ich widerstand nicht länger. Nathan beschloss, alles zu lassen und aufzugeben.

Er war gerade dabei, dies zu tun, als seine Gedanken zu den Seinen wanderten. Er sah ihre Tränen, ihre Mühen, ihr Umherirren in den entsetzlich hohen Dünen, ihr ständiges Ausrutschen und Hinfallen, ihre Bitterkeit, ihre Ängste, ihre mühselige Suche und all die Schmerzen, die er immer mit ihnen geteilt hatte. Er sah Männer, Frauen, Kinder, die die Hände ausstreckten, um sich gegenseitig zu helfen, denen es aber nicht gelang, sich zu finden und die Hand des anderen zu fassen, und deren Beine im Sand versanken.

Nathan empfand tiefen Schmerz, weil sie nicht wussten, was sie sich antaten, und einen Moment lang sah er all ihr Böses wie hinter einem Schleier. »Ich will nicht, ich kann nicht aufgeben«, dachte er.

Vom Grund seiner Seele breitete sich ein Gedanke aus, während sein Wille in tausend Stücke zerbrach: »Keiner wird Prüfungen ausgesetzt, die seine Fähigkeiten übersteigen.«

Dann fand er sich wieder am Ufer des Meeres; die Hitze und der flirrend heiße Wind hatten aufgehört, und er ruhte sich aus, seinen Blick auf die Frische des Wassers gerichtet.

Nathan glaubte noch immer nicht, dass es ihm gelungen war, dem dreimaligen Tosen des Geist-Windes standzuhalten. Hatte er das alles wirklich nur mit seinen eigenen Kräften geschafft? Er dachte, dass ihm wahrscheinlich geholfen worden war oder dass letztlich die Dinge so entschieden worden waren. Aber warum? Was nützte dies alles, wenn er auch nach diesen drei Malen Gott noch immer nicht getroffen und auch seinen Lichtstrahl nicht erhalten hatte?

Nicht nur das, ihm war ja auch gesagt worden: »Aber auch wenn du nicht aufgeben würdest und dreimal widerstehen würdest, der Wind des Geistes würde ein viertes Mal wehen und beim vierten Mal wirst du nicht widerstehen und aufgeben.«

Die Stimme hatte ihm also keine Hoffnung auf einen anderen Ausgang gemacht. Warum aber hatte er dann gekämpft? Hatte er vielleicht die ganzen Kämpfe nur deshalb ausgefochten, weil es für ihn sonst nichts gab, für das es sich lohnte, zu leben oder zu sterben? »Dafür möchte ich sterben«, hatte er gesagt. Und auch jetzt, trotz allem, war er davon überzeugt.

Nathan betrachtete die Sonne, die noch immer ihren Lauf unterbrochen hatte, und bereitete sich auf das vierte Tosen des Windes vor. Plötzlich spürte er einen Luftzug in seinen Haaren.

Nathan erstarrte weil er daran dachte, was die Stimme gesagt hatte, als er fragte, was mit ihm passiere, wenn er aufgäbe; die Antwort war gewesen:

»Du wirst sterben, Nathan.«

Er verspürte große Angst. Er spannte seine Nerven, Muskeln und Sehnen an und wartete auf den tosenden Wind. Stattdessen wehte eine angenehme Brise, ein süßer Wind, der alles sanft umwehte. Nathan fühlte sich umhüllt, beschützt.

Gleichzeitig nahm er unbeschreibliche Töne wahr, die er nie zuvor vernommen hatte. Und inmitten dieser Töne hörte er einen, in dem alle anderen enthalten waren, der Anfang und Ende aller Dinge umfing und sie bestehen ließ.

Und dieser Ton, der in sich jeden Zweck und jeden Sinn trug, war zugleich Licht. Aber ein Licht, das Nathan auch nicht mit demjenigen sämtlicher Morgenröten, die er gesehen hatte, vergleichen konnte, noch nicht einmal mit dem schönsten, im Frühling über dem Meer.

Nathan wurde nur davon gestreift, aber er fühlte sich davon auch umhüllt. Es war, als keimten, sprössen, blühten in ihm sämtliche Gedanken und Gefühle. Nathan fühlte sich durchdrungen von einem sanften, himmlischen Duft, und er konnte kaum unterscheiden, welcher seiner fünf Sinne welche Botschaft überbrachte, denn dieser Duft war neben einer Liebkosung des Windes und der Melodie des Lichts auch eine köstliche Erfahrung neuer Dinge.

Was aber seine äußeren Sinne sagten, war nichts gegen das, was ihn die wie nie zuvor wachen inneren Sinne seiner Seele spüren ließen. Denn unter den tausend verzückenden Wahrnehmungen, die er nie hätte beschreiben können, verspürte er eine ganz und gar sanfte Liebe, die ihn verzehrte und in seinem Herzen liebliche Wunden hinterließ, durch die die ganze Liebe zu den Menschen floss.

Nathan konnte dieser so heftigen und sanften Liebe, die alles Leid des Universums zu heilen schien, nicht widerstehen. Er fühlte sich zerrissen von ihr, denn ihre übernatürliche Sanftheit berührte Saiten tief in seinem Innersten. Er begriff: Wenn das das Gesicht dessen war, das er immer gesucht hatte, blieb ihm nichts anderes übrig, als sich dem zu stellen.

»Ich ergebe mich«, sagte er. »Ja, hier ergebe ich mich.«

Gleich nachdem er diese Worte ausgesprochen hatte, erinnerte er sich an das, was der Wind gesagt hatte: »Beim vierten Mal wirst du nicht widerstehen und aufgeben.«

Nathan fühlte sich glücklich. Er begriff, er war immer mehr geliebt worden, als er jemals gedacht hatte. Er begriff, woher der Wind wehte, und er begriff, dass seine Einsamkeit immer nur durch einen Mangel entstanden war, dass die Liebe, deren unendliches Fehlen er so oft gespürt hatte, von diesem Leben kam; dass jedes Wissen, jede Wahrheit, jede Freiheit nur zu dieser Wirklichkeit streben konnte, in der jede Vollkommenheit ihren Ausgangspunkt hatte.

Nathan begriff auch, dass er keine Schlacht zu führen brauchte – nur die gegen sich selbst. Denn alle Schlachten waren schon für ihn geschlagen und gewonnen worden, jede Vollkommenheit war erreicht. Er brauchte nur mit vollen Händen aus der Quelle schöpfen, die jeden Durst stillte.

»Die Vollkommenheit ist tatsächlich bereits erreicht. Lasst euch nun von der Vollkommenheit erreichen«, hatte ihm der Wind gesagt; erst jetzt begriff er den ganzen Sinn dieser Sätze.

Keine Rettung hing von ihm ab, denn jeder Sieg war bereits ihm und den Seinen geschenkt worden. Man brauchte nur in dieses Geschenk hineinzutauchen.

Da beschloss Nathan, mit seinem Ich hineinzutauchen, oder besser mit dem ganz kleinen Teil, der davon übrig geblieben war. Um das aber tun zu können, musste dieser kleine Rest auch noch sterben. Nathan beobachtete ihn einen Moment lang. Er merkte aber sofort, dass er dem, was er hinter sich gelassen hatte, überhaupt nicht nachtrauerte. Da gab er der Vergangenheit, allen Zweifeln, allen Unsicherheiten, allen Ängsten, aller Verzweiflung, allen Versuchungen, die all die Jahre sein Leben wie wilde Dämonen umzingelt und erstickt hatten, einen Stoß. Er beschloss, der alte Nathan müsse sterben, denn nur so konnte der neue voll und ganz leben. Dann nahm er alles, was von ihm geblieben war, schloss die Augen und tauchte hinein.

Nathan öffnete die Augen wieder; goldene Reflexe spiegelten sich in seinen Pupillen. Er sah sich zum ersten Mal so, wie er wirklich war. Er verspürte keinerlei Heimtücke in sich, und er spürte, er war wie der Klang dieser süßen Melodie geworden, die er gehört hatte. Als sein Wassertropfen in den Ozean hineintauchte, war dieser Ozean in ihm. Sobald er sich dieser Tiefe der Liebe gestellt hatte, hatte er seine Substanz verändert.

Nathan war tot. Aber Nathan lebte.
Der Wind hatte ihm das vorausgesagt: »Du wirst sterben, Nathan.« In jenem Moment hatte Nathan das nicht verstanden, aber etwas in ihm hatte ihn glauben lassen, dass jede ehrliche Demut nur zum Leben führen könne.

Und tatsächlich hatte Gott sein krummes Schilfrohr nicht zerstört. Er hatte im Gegenteil die Öffnungen gezählt und ausgemessen und verstanden es zu durchströmen und ihm mit seinem Atem die Töne zu entlocken, für die seine Flöte gemacht waren.

Nathan betrachtete die Sonne: Sie hatte sich vom Horizont gelöst. Der zwölfte Sonnenaufgang war vorüber. Aber das hatte keinerlei Bedeutung mehr. Jetzt genügte es ihm, sich in sein Herz zurückzuziehen, um jedes Mal, wenn er das wünschte, seinen inneren Sonnenaufgang zu finden. Jetzt wusste er, es genügte wenig, sehr wenig, um die Stimme zu finden.

»Siehst du, Nathan, jetzt hast du deinen Sonnenstrahl. Jetzt spielt deine Flöte wieder. Vergiss aber nicht, dass sie bis ans Ende deiner Tage wie eine Flöte aus Glas sein wird: Vergiss niemals, wie zerbrechlich sie ist. Und wenn du spielst, dann nur, weil der Wind es will.

Auch wenn es dir manches Mal so vorkommt, dass er aus dir kommt, so bist es in Wirklichkeit du, der vom Wind kommt. Jetzt hast du alles Schwere zurückgelassen, aber nur wenn der Wind dich bewegt, kannst du den Wind bewegen.

Solltest du diese Dinge vergessen, wenn du wieder unter den Deinen sein wirst, dann wirst du tausend Mal vor ihren Augen fallen. Denn ein Beschützer muss zuallererst sich selbst beschützen, und ein Prophet muss zuerst sich selbst kennen.

Aber auch wenn du noch tausend Mal hinfällst, so wirst du tausend Mal wieder aufstehen, weil du deinen Schatz gefunden hast – den du noch nicht gefunden hattest.

Und jetzt geh, Nathan. Jetzt, da du wieder aufgestanden bist und voller Licht bist, geh zu den Deinen, um die Wahrheit zu verkünden, die die Sonne dir eingeflößt hat. Geh zu jenen zurück, die du so sehr liebst. Sag ihnen, dass dieser Schatz von Anbeginn aller Zeit auch auf sie wartet.

Erklär ihnen, wie sie jenen Teil ihres Herzens wiederfinden, von der aus der Sonnenaufgang immer zu sehen ist. Hilf ihnen, sich zurechtzufinden, die Richtung des Windes zu suchen, der hinter dem Schleier weht.

Erinnere sie an das, was ich dich über den Willen gelehrt habe: Wenn du ihn ein kleines bisschen anhebst, wird er sich um vieles erhöhen. Für ein kleines ›Ja‹ kann die Sonne immer einen ihrer Strahlen gewähren. Jede Liebestat wird sie zu ihrem inneren Sonnenaufgang führen; jeder Gedanke an das Gute wird sie dorthin führen, wo ihr Wind kräftig weht; jedes Herzensgebet wird ihnen ihren Gesang zurückgeben.«

So sprach die Stimme.

Nathan hörte zu
und machte sich auf zu den Seinen,
Zeuge der aufgehenden Sonne,
Prophet des Windes.

## DER AUTOR

*Stefano Biavaschi* (geboren 1955) ist Lehrer und Journalist in Mailand, wo er auch in der katholischen Jugendarbeit und in der Lehrerfortbildung tätig ist. Er schreibt für die großen italienischen Zeitungen und hat einige Gedichtbände veröffentlicht.

**Bibliographische Information der Deutschen Nationalbibliothek**

Die Deutsche Nationalbibliothek verzeichnet diese Publikation in der Deutschen Nationalbibliographie. Detaillierte bibliographische Daten sind im Internet über http://dnb.d-nb.de abrufbar.

MIX
Papier aus verantwortungsvollen Quellen
FSC® C014889
FSC
www.fsc.org

Italienische Originalausgabe:

*Stefano Biavaschi: Il Profeta del Vento*

(Collana Letteraria 9)



ISBN 978-88-89913-94-9

*www.fedecultura.com*

1. Auflage 2013



Lektorat: Dr. Ulrike Strerath-Bolz
Umschlagmotiv: Undine Aust © Fotolia.com
Druck und Bindung: Friedrich Pustet KG, Regensburg
ISBN 978-3-89680-841-7

*www.vier-tuerme-verlag.de*